ALFRED LOISY
ET SES AMIS

ÉMILE GOICHOT

ALFRED LOISY ET SES AMIS

Histoire

LES ÉDITIONS DU CERF
www.editionsducerf.fr
PARIS

2002

www.editionsducerf.fr
(29, boulevard La Tour-Maubourg
75340 Paris Cedex 07)

ISBN 2-204-06895-0
ISSN 0769-2633

AVANT-PROPOS

Le titre dit assez honnêtement le propos de ce livre. C'est d'abord une vie de Loisy, et non une histoire de la crise moderniste. Celle-ci ne sera évoquée que dans la mesure où elle le concerne directement, par ce qu'il en a suscité et par ce qu'il en a subi. Mais on la débordera largement. Trop souvent, Loisy n'apparaît dans l'histoire qu'à l'occasion et pendant la durée de cette crise, c'est-à-dire une quinzaine d'années, de 1893 à 1908. Après l'excommunication, il semble disparaître. Or il lui restait plus de trente années à vivre, au cours desquelles il publia une quarantaine de livres. C'est donc l'ensemble de cette vie que l'on prendra en compte, mais dans une perspective bien déterminée, une biographie intellectuelle, totalement dépourvue de ce qui fait habituellement le charme du genre : amours, voyages, aventures. Ou plutôt une aventure intellectuelle, les seuls événements qui la marquent étant provoqués par les idées mises au jour. Et d'une intelligence fortement polarisée – on pourrait parler de *monoïdéisme* : Loisy ne s'est jamais préoccupé que du problème religieux – disons, sans trop forcer la note, de la religion et de son jardin. Il est peu d'exemples d'une vie aussi dépouillée, aussi concentrée sur un unique objet.

Toute biographie qui se refuse aux grâces faciles du romanesque doit s'expliquer sur ses sources. Celle-ci exploite d'abord les deux textes autobiographiques de Loisy, *Choses passées* et surtout les *Mémoires pour servir à l'histoire religieuse de notre temps*. Parti apparemment contestable, puisque ceux-ci sont écrits longtemps après les faits, dans un évident souci de justification. Mais il y cite longuement des documents – correspondances, extraits de son journal intime

– contemporains de ces mêmes faits et témoignages de son état d'esprit du moment, et nous utiliserons ces seuls textes, en précisant leur date. La consultation des originaux conservés (pour les correspondances essentiellement) au département des manuscrits de la Bibliothèque nationale montre que non seulement il en a respecté scrupuleusement la teneur mais qu'en homme du métier il a opéré un remarquable travail de sélection des passages significatifs. Aussi y ajoutera-t-on peu d'inédits, sauf pour la période finale que ne recouvrent pas les *Mémoires*. Biographie intellectuelle, disions-nous. Il faudra donc citer largement d'autre part les livres de Loisy. Ils ne se lisent plus guère, ils se trouvent difficilement, et le lecteur doit pouvoir juger sur pièces : cette pensée ne se prête guère au résumé ou à la paraphrase, elle se sépare mal d'une écriture maîtrisée et subtile, de ses nuances, de ses pointes. Encore fallait-il choisir. Il a publié soixante livres, sans compter quelque deux cents articles et d'innombrables comptes rendus. Ces ouvrages se classent en deux catégories. Les travaux plus techniques, d'une part, d'exégèse et d'histoire des religions ; on les dit « dépassés », comme il est naturel dans le progrès de ces disciplines, d'autant que des propositions qui alors firent scandale sont passées dans l'enseignement commun, y compris dans les Instituts catholiques : nous les laisserons donc de côté. D'autre part, des ouvrages destinés à un public moins spécialisé – en particulier les « petits livres rouges » –, où il tente la conciliation entre ce qu'il considère comme les acquis de l'exégèse et de l'histoire et un discours religieux crédible pour le monde moderne – discours acceptable, espère-t-il d'abord, pour l'Église, puis préfiguration d'une religion de l'avenir. C'est à ceux-ci que nous nous attacherons, sans prétendre d'ailleurs les évoquer tous ni analyser précisément chacun.

… *et ses amis*. Là plus encore, le choix était délicat. Dissipons d'abord une légende : le modernisme aurait constitué un parti (sinon une conspiration) organisé autour de lui, étendant ses ramifications sur plusieurs pays, l'Italie et l'Angleterre en particulier. Loisy a toujours été un *solitaire* : « L'appétit d'assimilation à un groupe quelconque n'a jamais été chez moi très développé. » Autre légende, « Loisy-le-sec », le pur intellectuel : introverti, pudique, d'une susceptibilité souvent à vif, il fut à la fois très sensible à l'amitié et difficile en amitié. Comme en témoigne l'abondante correspondance conservée, ses travaux et ses épreuves l'ont mis en relations, épistolaires surtout et sans que d'ordinaire il en prenne l'initiative, avec bien des gens à travers toute l'Europe, savants comme lui ou simples clercs ou laïcs préoccupés par les problèmes religieux : impossible même de recenser cette *turba magna*. D'amitiés plus *privées*, les plus chères peut-être à son cœur, nous ne savons que le peu qu'il en a laissé filtrer. Ainsi de l'abbé Guillemin, un confrère un peu plus âgé avec lequel il s'était lié au début de sa courte expérience du ministère paroissial, qui lui resta toujours fidèle et à qui il rendit encore visite, en 1925, dans sa paroisse dévastée par la guerre : sa dernière lettre « était touchante, pleine de sérénité et de foi, sans un mot qui pût me sembler indiscret ou me froisser. Il y a encore des saints qui ne font pas de leur fidélité à leurs croyances une menace pour le prochain ». Nous reste donc un petit nombre d'amitiés (traversées de malentendus, souvent refroidies, quelquefois brisées) privilégiées par leur continuité, la personnalité des amis en question, le rôle qu'ils ont joué dans les débats du temps et, il faut bien le dire, la documentation dont nous disposons à leur sujet. On produirait un enchevêtrement inextricable en suivant, parallèlement à celle du protagoniste et la coupant parfois, la biographie de chacun. Il a paru plus commode d'en faire, à la première apparition, une présentation sommaire, quitte à y revenir lors de tel épisode important ou quand le personnage prend congé.

Faut-il préciser que ce livre n'est pas une *apologie pour Loisy* ni ne prétend proposer une *explication de Loisy* ? Les explications de ce genre semblent recourir à l'analyse psychologique, elles recouvrent en fait un jugement moral. On s'en tiendra à un principe de méthode, banal au point qu'on hésiterait à le formuler s'il n'était fréquemment biaisé : l'historien n'accède pas au for intime, il ne peut débusquer les secrets des consciences ; il ne prend en compte que les actes et surtout, dans un cas comme celui-ci, les textes conservés, à leur moment et en distinguant leur statut – notes personnelles, correspondances modulées selon les destinataires, ouvrages livrés au public. Au lecteur, s'il le souhaite, de juger par lui-même.

Avertissement

Selon l'esprit de cette collection, on a évité de charger le texte d'un appareil de notes trop lourd. Aussi les références ont-elles été systématiquement simplifiées. Le récit, on vient de le dire, s'appuie surtout sur les *Mémoires* de Loisy ; les citations sans référence sont empruntées à cet ouvrage. Quant aux extraits de ses papiers personnels ou de lettres, qu'ils proviennent de la même source ou du fonds de la Bibliothèque nationale, le texte même indique la date et, pour les lettres, le correspondant.

Une bibliographie sommaire, à la fin du volume, rappelle les principaux livres de Loisy, avec les abréviations utilisées pour les références, et signale quelques ouvrages qui permettront au lecteur d'aller plus loin : ce choix, déjà fort restreint, se limite à des livres en langue française.

I

UNE VOCATION

« J'aimais le travail des champs, du moins les petits travaux qui étaient selon mes forces. Par malheur, il semblait que les gros travaux ne seraient jamais dans mes moyens. » Cette constitution chétive va orienter au départ le destin d'Alfred Loisy. Il naît le 28 février 1857 à Ambrières, arrondissement de Vitry-le-François, dans le département de la Marne et le diocèse de Châlons. La ferme du père est prospère : « une écurie d'une dizaine de chevaux, une demi-douzaine de vaches laitières, un troupeau de moutons, une basse-cour bien garnie. Le personnel auxiliaire comportait un valet de charrue et un plus jeune, qu'on appelait le grand et le petit domestique, un berger, une fille de basse-cour ». Pour la moisson, on engageait des bras au village. « Mon père installa bientôt une machine à battre ; mon frère, à la génération suivante, utilisa faucheuses et moissonneuses. »

De santé fragile, l'enfant répugne à se mêler aux jeux de son âge, mais connaît de grands succès à l'école du village. En avril 1869, il entre en huitième (c'était alors la classe où l'on commençait le latin) au collège public de Vitry-le-François, passe en septième à la rentrée d'octobre et en sixième dès Pâques 1870. Cette scolarité rapide va être suspendue deux ans par la guerre et l'occupation prussienne : il reste dans sa famille et travaille avec le curé du village. En octobre 1872, il reprend le cursus au collège ecclésiastique de Saint-Dizier en troisième d'abord et, à partir de

Pâques, en seconde. Mais au terme de sa rhétorique (1873-1874), il décide d'entrer au grand séminaire de Châlons-sur-Marne. Pour les aspirants au sacerdoce, il était courant de faire l'impasse sur l'année de philosophie puisque le début des études cléricales comportait un enseignement de cette discipline ; le baccalauréat d'autre part n'avait d'intérêt que comme porte d'accès aux carrières profanes. Ainsi, de la huitième à la rhétorique, ses études secondaires auront été condensées en cinq ans.

Ses parents semblent avoir accueilli sans enthousiasme sa décision, mais ne s'y opposèrent pas. Elle ne s'explique pas par l'influence du milieu ou de la famille. Au village, on était pratiquant, mais non dévot, à l'ancienne mode. « Tout ce monde prenait la religion au sérieux, comme une sage et austère discipline. » D'une lignée qui comptait quelques prêtres, la mère « était vraiment pieuse, sans raffinement de théologie ni de mysticisme. Peut-être même était-elle un peu superstitieuse[1] ». Quant au père, s'il gardait les règles morales de la religion, « à l'égard des croyances et des pratiques proprement religieuses, il était d'une indifférence parfaitement sereine, et l'on peut dire spontanée[2] ». Il évoluera quelque peu quand son fils sera prêtre : « il avait fini par aimer l'Église parce que j'en étais ; il n'adhérait pas avec réflexion à ses dogmes, qu'il connaissait moins que vaguement ; il estimait que cela devait être vrai au fond, puisque les anciens y avaient cru ; par ailleurs, il ne sentait ni la nécessité ni l'obligation d'observer de point en point les directions des prêtres. » Précieux témoignage sur une certaine religion moyenne de la France paysanne au XIXe siècle.

Sur l'évolution religieuse du jeune garçon, nous ne disposons que de la reconstruction qu'en a fait, à deux reprises, le *vitandus*, l'homme que l'Église avait excommunié. On jugera s'il cherche seulement à justifier une erreur d'aiguillage. De ses années d'enfance, il ne conserve pas de

1. *Choses passées*, p. 4.
2. *Ibid.*, p. 5.

souvenirs précis dans cet ordre : « j'étais sage à l'église comme à l'école[1]. » Ainsi de la première communion et de la confirmation. « À toutes ces cérémonies je pris part avec les dispositions qui convenaient, mais je n'en ai pas retiré d'impressions extraordinaires. » « La première suggestion du sacerdoce » lui est donnée, un dimanche de septembre 1871, par le cérémonial qui entoure l'installation du nouveau curé d'Ambrières. « Quelque chose me dit qu'un jour, moi aussi, je monterais à cet autel et je dirais la messe dans cette église[2]. » Pendant les deux ans au collège de Saint-Dizier, il s'abandonne « sans défiance » au courant de piété que favorisaient discrètement les prêtres qui tenaient l'établissement ; il compte « parmi les plus fervents » et devient même préfet d'une congrégation. Mais c'est la retraite, au début de l'année de rhétorique, prêchée par un jésuite récemment expulsé de Lorraine par les Prussiens (il arrive donc « avec l'auréole de la persécution ») qui provoque le choc décisif. « Il me semblait évident que Dieu m'appelait, que mon inclination réelle avait toujours été vers le sacerdoce. [...] Au demeurant, mon existence était si fragile que je pouvais l'offrir à l'Éternel sans grand inconvénient pour personne. » Ce furent, souligne-t-il, des « pensées très simples et qui me parurent lumineuses ; impressions toutes mystiques, où n'entra pas le moindre soupçon de calcul, d'intérêt ou d'ambition ». Décision confortée par l'amitié d'un condisciple dans les mêmes sentiments et qui allait prendre le même chemin.

Aux lendemains du premier concile du Vatican, le grand séminaire de Châlons était divisé entre « ultramontains » et « libéraux ». L'enseignement semble y avoir été médiocre et ne marqua guère Loisy. En fait, il éprouva très tôt un malaise né du déséquilibre entre une piété fervente et « l'inquiétude insurmontable » qui s'empara de son esprit quand il commença l'étude de la théologie. « L'oraison mentale du matin me ravissait ; je m'y livrais avec une ferveur

1. *Ibid.*, p. 9.
2. *Ibid.*, p. 10.

naïve. » Il ne se préoccupait pas encore « des questions de fait et des problèmes d'histoire », mais butait sur les constructions théologiques. « Car mon intelligence n'y mordait pas, et de toute ma conscience d'enfant timide je tremblais devant la question qui se posait devant moi, malgré moi, à chaque instant du jour : est-ce qu'à ces théorèmes correspond une réalité[1] ? » Les choses ne s'arrangèrent pas quand il entreprit de lire, pour son propre compte, saint Thomas : ses spéculations sur la Trinité « où tout se déduisait de deux définitions, celle de la nature et celle de la personnalité, conçues tout exprès, arbitrairement, pour s'adapter au dogme traditionnel, me firent l'effet d'une vaste logomachie[2] ». Pendant sa deuxième année de séminaire (1875-1876), il se met à l'étude de l'hébreu, avec l'aide d'abord d'un condisciple qui en possédait quelques rudiments, mais surtout avec des manuels, et il a le sentiment d'avoir trouvé sa voie. « Je portais en moi le germe du travail rationnel non assujetti à la tradition théologique. » Ordonné sous-diacre le 30 juin 1878, il est désigné par son évêque pour suivre les cours de l'École de théologie qui venait de s'ouvrir à l'Institut catholique de Paris, lui-même de création récente (1875). La nouvelle École, encore modeste, ne comptait que quatre professeurs dont, pour l'histoire ecclésiastique, l'abbé Louis Duchesne que nous retrouverons bientôt. Mais, au bout de deux mois, Loisy, malade, doit revenir à Ambrières où le médecin prescrit un long repos et déconseille, au moins dans l'immédiat, le retour à Paris. Il rentre donc au séminaire de Châlons, reçoit en mars le diaconat, est ordonné prêtre le 29 juin 1879 (à vingt-deux ans, avec dispense de l'âge canonique). Huit jours après, il est nommé dans « un village perdu », Broussy-le-Grand, où il a pour voisins et confrères « de bons vieux curés qui ne songeaient plus, me disaient-ils en souriant, qu'à leur propre salut, désespérant de convertir leurs paroissiens ; ils se préparaient à une sainte mort par d'interminables parties de cartes ». Au début de

1. *Choses passées*, p. 34.
2. *Ibid.*, p. 43.

l'année suivante, pour le rapprocher de sa famille, on le nomme dans une autre petite paroisse, Landricourt.

À ce point, les deux récits qu'il a donnés, à une vingtaine d'années de distance, semblent se contredire. Dans *Choses passées*, il avoue que, la vie d'un curé de campagne ne lui convenant guère, il dut « user d'une certaine diplomatie » pour obtenir l'autorisation de reprendre les cours à l'Institut catholique et solliciter Duchesne d'écrire à l'évêque en sa faveur[1]. Dans ses *Mémoires* au contraire, il assure que l'intervention de Duchesne n'était pas « un coup » de sa propre diplomatie et que l'historien fit pression pour qu'il le rejoignît. Les extraits de leur correspondance permettent d'y voir plus clair. Au départ, Loisy, auquel sa paroisse laissait de vastes loisirs, ne souhaitait qu'y continuer ses recherches et désirait à cette fin conseils et directives. Duchesne, qui « songeait à rallier autour de l'École de Théologie une équipe de travailleurs jeunes et actifs dont il serait le guide et l'animateur » le pressait d'au moins étudier à distance le programme et de prendre ses grades. En fait, au terme de négociations complexes avec l'administration diocésaine où Duchesne n'intervint qu'au dernier moment, il fut autorisé à revenir à Paris, en mai 1881. Son intention était de n'y rester que le temps d'y conquérir le lectorat en théologie pour retourner enseigner au séminaire de Châlons. Il passa en effet le baccalauréat en juin et, en octobre, l'admissibilité à l'examen du lectorat qui devait avoir lieu à la fin de l'année universitaire. Mais, avec la maladie de M. Martin, professeur d'Écriture sainte et d'hébreu, ce dernier enseignement était vacant et, à l'instigation de Duchesne, on chargea Loisy des fonctions de répétiteur de ses condisciples. Pour l'Écriture sainte, les étudiants suivraient à Saint-Sulpice le cours de M. Vigouroux.

Loisy a toujours affirmé qu'avant tout contact direct avec la critique protestante et rationaliste, sa conviction que « la conception traditionnelle de la vérité biblique n'était pas défendable » était née dans la réflexion solitaire d'une pre-

1. *Ibid.*, p. 49-50.

mière lecture critique (« dans la grande édition du Nouveau Testament de Tischendorf » que lui avait prêtée Duchesne) des évangiles. Paradoxalement, le cours de Vigouroux le confirma dans cette conviction. Celui-ci en effet exposait les affirmations de la critique rationaliste « à seule fin d'en montrer les aberrations et la criminelle révolte contre la tradition ». Mais sa réfutation se révélait bien fragile et faisait ressortir la force des arguments qu'il prétendait combattre : « en réfutant la critique, il a fait connaître la critique ». D'une certaine façon, le malaise provoqué par l'allergie de Loisy aux spéculations théologiques s'est ainsi dissipé, il a trouvé le terrain qui lui convenait et s'est assigné dès lors une mission : fonder la science de la Bible dans l'Église catholique. Son journal de l'époque traduit ses dispositions intimes : « Ô mon Dieu, donnez-moi vingt ans de santé, de patience, de travail, avec cet esprit de discernement, de sincérité, d'humilité, qui permet à la science chrétienne de se produire sans danger pour le savant, à l'édification de l'Église et à la confusion de ses ennemis ! » Pour ce faire, il se trouve dans des conditions favorables et peut envisager l'avenir avec confiance, car les intentions du recteur, Mgr d'Hulst, à son égard coïncident avec ses projets : tout en continuant d'enseigner l'hébreu et de prendre ses grades de théologie, il devra se consacrer à l'étude des langues orientales pour occuper ultérieurement la chaire d'Écriture sainte. À partir de la rentrée de 1882, il suit donc les cours de l'École des hautes études (assyriologie, égyptologie, éthiopien) et l'enseignement de Renan au Collège de France, « le meilleur cours d'hébreu qui fût alors à Paris ».

Mais son mentor restait celui qui l'avait introduit à l'Institut catholique et veillait sur ses débuts. Louis Duchesne[1], qui approchait alors de la quarantaine, avait déjà acquis une solide notoriété académique. Né à Saint-Servan (Ille-et-Vilaine) le 13 septembre 1843, dans une famille de marins, il avait fait ses études au collège ecclésiastique, puis

1. Voir Brigitte WACHÉ, *Mgr Louis Duchesne, historien de l'Église, directeur de l'École française de Rome*, École française de Rome, 1992.

au grand séminaire diocésain de Saint-Brieuc. Un Breton donc, qui restera toujours attaché à sa province et à la religion de son enfance. Il expliquera à un ami qu'il vient régulièrement s'y ressourcer.

> Tous les ans, je fais une retraite de deux mois sous la direction de ma mère, qui a l'âge du siècle, et d'une foule de gens respectables, prêtres ou laïques, dont aucun ne se doute de tout le bien qu'il me fait. Je ne lâcherai point ce paradis pour le plaisir d'être d'accord, sur tous les points, avec moi-même. Cette prétention est de pure vanité. Les théologiens l'ont ; mais je ne suis pas théologien et c'est pourquoi je puis louer Dieu dans la joie de mon cœur[1].

Ainsi, dès le départ, s'accuse la différence fondamentale avec Loisy. L'exigence d'unité intérieure chez celui-ci lui est parfaitement étrangère. En lui, le savant à l'esprit critique et le « curé breton » coexistent paisiblement.

La Bretagne, mais aussi Rome. En 1863, son évêque l'envoie au Collège romain (fondé jadis par Ignace de Loyola et qui prendra par la suite le titre d'Université grégorienne) pour compléter sa formation théologique. De son propre aveu, la théologie qu'il y fit resta « un peu buissonnière ». « Plus d'une fois, il m'arriva de laisser disserter les savants professeurs pour courir les ruines, les catacombes et les musées. » Il découvre ainsi l'archéologie chrétienne, sur le terrain et dans les livres, qui venaient de paraître et renouvelaient cette discipline, de G. B. De Rossi. Rentré pour quelques années à Saint-Brieuc où il enseigne dans son ancien collège, il est envoyé en 1871 à Paris, à l'École des Carmes, pour y prendre ses grades universitaires. Il suit en même temps les conférences de l'École des hautes études, pour la philologie et les antiquités grecques et s'y initie à la critique textuelle, alors dans son âge d'or (il évoquera plus tard le souvenir de son vieux maître Tournier qui, ayant commencé par trouver des passages suspects dans l'*Ajax* de

1. Lettre du 15 novembre 1888 à Fr. von Hügel (sur celui-ci, voir plus loin, p. 33 s.) ; citée par WACHÉ, p. 18.

Sophocle, en vint à mettre en cause l'authenticité des sept tragédies sophocléennes et mourut en « demandant pardon à Dieu et aux hommes d'avoir édité de fausses tragédies classiques »). L'École des hautes études le charge d'une mission à Rome qui sera déterminante pour l'orientation de sa carrière. Venait d'y être créé un cours d'archéologie destiné aux membres de l'École d'Athènes, dont il ne constituait qu'une annexe, mais il était question de le transformer en établissement national ; en 1875, il deviendra officiellement l'École française de Rome. Duchesne fait partie de la petite équipe chargée de préparer la mutation. Il y séjournera de 1873 à 1876, d'abord comme boursier des Hautes Études, puis comme membre de la nouvelle École. C'est alors qu'il prépare sa thèse, une *Étude sur le Liber Pontificalis*, examen critique du texte, de l'âge et des sources de ce recueil de notices biographiques sur les premiers papes, source fondamentale pour l'histoire ancienne du christianisme. L'accueil fait à ce travail préfigure déjà celui que va rencontrer la suite de son œuvre : le jury universitaire en loue l'érudition et le scrupule critique, mais certains ecclésiastiques l'accusent de bousculer des traditions vénérables ; l'un d'eux le qualifiera bientôt de « rationaliste en soutane ». Des plaintes parviennent à la Congrégation de l'Index. Grâce à l'intervention de personnalités influentes (De Rossi en particulier, avec lequel il s'était lié au cours de ce second séjour romain), il échappe à une mesure officielle, la Congrégation souhaitant seulement qu'il retire de la vente les exemplaires restants et qu'il s'attache surtout, dans une publication ultérieure (ce qu'il fera effectivement), à l'édition du texte.

Revenu en France, on lui propose une chaire dans l'enseignement supérieur public, mais il choisit l'Institut catholique de Paris où il est chargé d'enseigner l'histoire de l'Église à la faculté des lettres, puis à l'École de théologie. Assez vite, cet enseignement est contesté. Le supérieur de Saint-Sulpice, M. Icard, interdit aux séminaristes de suivre ses cours et Duchesne se met en congé pour l'année 1882-1883. La crise la plus aiguë éclate un peu plus tard, en 1885, sur les positions qu'il avait prises, dans ses cours et les recensions du

Bulletin critique qu'il avait fondé (des positions négatives, historiquement argumentées) sur une question disputée, l'origine apostolique des Églises de Gaule : un certain nombre de diocèses se glorifiaient d'avoir été fondés par des apôtres ou des premiers disciples, et la susceptibilité de leurs évêques était là-dessus fort chatouilleuse. Parmi eux, Mgr Bernadou, archevêque de Sens, qui entraîna ses collègues, les « évêques protecteurs » de l'Institut, à demander la tête du professeur. Celui-ci offrit sa démission. Pour éviter le scandale, on se rangea à une solution de compromis : Duchesne sollicita un nouveau congé. Il fut aussitôt nommé maître de conférences d'histoire à la IVe section de l'École des hautes études, où sera créée pour lui, en 1892, une direction d'études pour les antiquités chrétiennes. Entre-temps, en 1888, il avait été élu à l'Académie des inscriptions et belles-lettres. À son œuvre scientifique, centrée sur les premiers siècles du christianisme et les origines de la liturgie, la République accordera une reconnaissance que lui mesurait chichement l'Église : nommé en 1895 directeur de l'École française de Rome, il le restera jusqu'à sa mort. D'autres honneurs suivront, en premier lieu son élection, en 1910, à l'Académie française, que viendra ternir un épisode que nous rencontrerons en chemin.

Il avait défini au départ l'orientation de son enseignement et de ses recherches : appliquer « la méthode historique ordinaire », c'est-à-dire « recueillir les témoignages, les peser, les comparer d'après eux, non d'après des idées préconçues et des sentiments particuliers » – et, sans bien sûr qu'il le dise, la théologie relevait pour lui de ces « idées préconçues ». Tout au long de sa carrière, restera pour beaucoup un mystère (et pour quelques-uns un double jeu) ce contraste entre l'esprit critique de l'historien, le ton caustique de l'homme – qui pimentait sa conversation, ses lettres et même l'écriture de ses articles et de ses livres – et la foi simple du prêtre. Il y revenait, toujours avec le même ami :

À mon avis, les chrétiens cultivés doivent renoncer à des conciliations qui ne les mèneraient qu'à des condamnations. Ils peuvent se tenir en union avec le Père céleste, laisser à ses conducteurs attitrés le soin de la barque de Saint Pierre et tâcher de se faire supporter par les gendarmes. Au point de vue religieux, vivre [...] comme le moujik ou le paysan des Abruzzes, c'est-à-dire de la foi du charbonnier. Avec cela, vivre de la vie intellectuelle commune, la raison étant un don de Dieu tout comme la foi. Le *Credo* d'aujourd'hui, c'est le *Pater*[1].

Quant à Loisy lui-même, il lui faisait miroiter « une carrière honorable dans le domaine de la philologie sémitique, avec la perspective de ce paradis des savants, un fauteuil à l'Institut », à condition d'éviter de toucher aux questions brûlantes, car il était convaincu de « l'impossibilité morale d'une évolution scientifique sur le terrain de la Bible de l'Église romaine ». Mais Loisy se refusait à cette sorte de dédoublement de personnalité, tout son effort tendait à mettre en accord sa raison et sa foi.

Ce souci de cohérence, cette quête d'unité spirituelle marquent déjà la réflexion qu'il mène, pendant les vacances de l'été 1883, sur « l'état présent de l'Église et de la société », une Église qui, pour l'heure, constitue « un obstacle au développement intellectuel de l'humanité ». Il imagine (exercice peu fréquent sous sa plume) un dialogue entre un « jeune savant », représentatif de l'esprit du siècle, et l'Église, son idéal de l'Église. Texte sans doute capital pour comprendre la genèse (nous sommes une vingtaine d'années avant *L'Évangile et l'Église*) de ce qu'on appellera le modernisme. Ce sont deux voix entre lesquelles il veut rétablir l'harmonie, dans le respect à la fois des acquis de la science et d'une incomparable tradition spirituelle. Le « jeune savant » donc célèbre le triomphe des sciences historiques – elles vont « toucher par les investigations de la critique aux origines de l'humanité cultivée » – comme des sciences de la nature – qui bientôt pourront tout expliquer, « la genèse de la pensée, la constitution intime de tous les êtres, les lois de l'univers et son évolution ». L'Église maintient que son enseignement

1. Lettre du 20 avril 1891 à Hügel.

doit rester « immuable dans ses principes et dans son but », mais reconnaît qu'il « peut et doit se modifier dans sa forme, se perfectionner dans son exposition, afin de mieux répondre aux besoins des générations qu'il doit mener à Dieu ». Elle avoue même que ses « docteurs en ce siècle » se sont montrés jusque-là « inférieurs à leur tâche et n'ont pas compris qu'il leur était permis d'abandonner les vieilles formules ». Parmi les acquis de la critique que déploie triomphalement le jeune savant, un thème frappant. Une formule, entre autres, fera choc, et scandale, comme nous le verrons, dans *L'Évangile et l'Église*: « Jésus annonçait le Royaume, et c'est l'Église qui est venue ». On y décèlera l'influence néfaste de la critique allemande et de « l'école de l'eschatologie conséquente ». Or, dès cette date, le jeune savant l'expose, et l'oppose, à l'Église. « Ton Évangile annonçait l'apparition du royaume de Dieu sur la terre ; tu y as cru aussi longtemps que cette chimère ne t'a pas paru trop absurde. On serait hérétique aujourd'hui si l'on affirmait ce qui a soutenu l'espérance des premières générations chrétiennes. Comme tu ne voyais rien venir, tu as placé bien haut le royaume de Dieu et tu as remis à un terme indéfini le temps de son parfait rétablissement. Alors tu as commencé à prendre racine ici-bas et à te consoler des retardements du siècle futur par la domination que tu as exercée sur la terre. » Au total, ce dialogue imaginaire montre bien qu'il est dès lors convaincu de la nécessité de « traduire les dogmes mêmes, au lieu de négliger simplement la théologie ».

« Traduire les dogmes », cela signifie en fait – il va bientôt en prendre conscience –, constater la faillite de l'orthodoxie. Lui-même datera par la suite cette phase climatérique de 1886, n'ayant encore rien publié et alors que son nom restait parfaitement inconnu. On se prévaudra souvent de cette confidence pour l'accuser d'avoir dès lors « perdu la foi » et mené pendant plus de vingt ans un double jeu, protestant de son amour pour l'Église et de son souci de la défendre. Lectures rétrospectives – quand même elles ne sont pas dictées par des préoccupations apologétiques – dont il faut se garder pour s'en tenir aux textes écrits à cette date, à son seul usage, comme ce qu'il confiait à son journal le 15 novembre 1886.

Je suis décidé à travailler et à servir l'Église, qui a fait et à qui appartient l'éducation de l'humanité. Sans renier sa tradition, mais à condition d'en retenir l'esprit de préférence à la lettre, elle reste une institution nécessaire et la plus divine chose qui soit sur la terre. Elle a capitalisé les subtilités des théologiens, mais elle a aussi amassé les principes d'ordre, de dévouement, de vertu, qui garantissent le bonheur à la famille et la paix à la société. Vouloir fonder quelque chose dans l'ordre moral en dehors du Christ et de l'Église serait aujourd'hui une utopie. Qu'il y ait des choses surannées dans la discipline ecclésiastique, que les pratiques de notre culte ne soient pas tout à fait en rapport avec les besoins du temps, que le sens matériel des formules théologiques devienne de jour en jour moins soutenable : c'est ce que je crois voir avec plus de clarté à mesure que je connais mieux le passé de la religion et celui de l'humanité. Je puis me tromper, et je reste, par ma volonté, tout disposé à admettre le contraire de ce que je pense, si le contraire de ce que je pense est vrai.

Cependant, son rôle avait pris progressivement de l'importance dans la faculté. À la rentrée de 1884, un cours d'exégèse sur le texte hébreu s'était ajouté à l'enseignement de la langue. Mais, dans le même temps, il commençait à éveiller les soupçons du supérieur de Saint-Sulpice, le vénérable M. Icard. En novembre 1886, un grave accident de santé – une forte hémoptysie fit craindre une tuberculose pulmonaire – l'obligea à suspendre ses cours. Il alla passer trois mois à Cannes, dans une maison pour les prêtres malades. Unique « villégiature » de toute son existence, seul moment aussi où il consentit à se laisser distraire des problèmes religieux pour prêter quelque attention aux paysages méditerranéens et en éprouver une émotion durable, pour se livrer à une « débauche » de lectures profanes : romans de Hugo et de Balzac, et de Lamartine (mais là il y a bien comme un fond religieux) *Jocelyn* et *La Chute d'un ange*. Il eut même un jour « le divertissement d'un léger tremblement de terre ».

À son retour, il se lance dans le vaste programme d'enseignement dont il rêvait pour fonder dans l'Église l'étude scientifique de la Bible, la « faire passer du plan de la théologie, du point de vue dogmatique, au plan de l'histoire, au point de vue rationnel et critique ». Docteur en théologie, en mars 1890, avec une thèse sur l'*Histoire du canon de l'Ancien Testament* et professeur en titre, il crée l'année suivante une petite revue, *L'Enseignement biblique*, pour diffuser ses cours. Mais sa réflexion, on a déjà pu le constater, dépasse largement le cadre technique de l'exégèse. D'une certaine façon, ce refus de la théologie dominante exprime bien l'ambition de « renouveler de fond en comble la théologie » en substituant à l'*esprit dogmatique* l'*esprit religieux.* Il esquisse une théodicée – « Le Dieu anthropomorphe, propriétaire d'un monde qu'il gouverne en grand seigneur, arbitrairement et méchamment, n'existe pas. Mais Dieu existe : côté intérieur, éternel, immuable, simple et un, du monde extérieur, temporel, changeant et multiple… » – et une christologie – « Le Christ n'est pas une idole. L'humanité tout entière est fille de Dieu. […] Des poussées vigoureuses, révolutionnaires, surnaturelles interviennent de temps en temps pour élever, comme malgré elle, l'humanité au-dessus des préoccupations vulgaires : rédemption. Le grand initiateur de la vie morale, le grand médiateur, le pontife éternel est Jésus. »

2

TRIBULATIONS ET RETRAITES

Déjà l'enseignement et les premières publications de Loisy suscitaient la critique de traditionalistes sourcilleux. Elle portait sur deux points sensibles. L'un, qui pourrait sembler de portée limitée, d'attribution : Moïse est-il, comme l'affirme la tradition, *l'auteur* du Pentateuque ? L'autre engageait directement la doctrine : la nature et l'étendue de l'inspiration des Écritures, pour des faits que semblent contredire la science ou l'histoire. Mais l'année 1893 va être pour lui particulièrement éprouvante. Un signe prémonitoire aurait pu l'alerter : à la rentrée de 1892, le supérieur de Saint-Sulpice, dont nous avons aperçu la méfiance, renouvelant la mesure qu'il avait prise dix ans auparavant à l'égard de Duchesne, interdit aux séminaristes de suivre ses cours. En fait, c'est le recteur de l'Institut catholique qui, en voulant défendre son professeur et à travers lui la réputation de sa maison, va déclencher la tempête. Pour aller au-devant des critiques, il publia dans *Le Correspondant* du 25 janvier un article sur « la Question biblique ». Il y distinguait, dans l'exégèse catholique, trois grandes tendances : « l'école traditionnelle » qui campait sur les positions de toujours, « l'école moyenne », à laquelle lui-même se ralliait, et « l'école large », qui voulait faire droit à la partie la plus solide des apports de la critique. Sur la vérité biblique telle que garantie par la Révélation, elle professait que cette vérité s'identifiait avec l'objet même de cette dernière, « à savoir la doctrine concernant la foi et les mœurs, en sorte que tout le reste, ce qui est affaire de sciences naturelles et d'histoire simplement humaine, n'est pas matière d'inspiration divine et peut être erroné ». Il pensait résumer ainsi la position de Loisy, qui ne s'y reconnaissait pas : « Selon moi, la Bible, étant un livre écrit par des hommes et pour des hommes, n'échappait pas à la condition de tout livre humain, et elle ne pouvait, même en matière de foi et de morale, être en parfait rapport qu'avec la vérité d'une seule époque, celle de sa rédaction. » Toujours est-il que l'article souleva un tumulte parmi les « champions de l'orthodoxie ». Mgr d'Hulst tenta d'aller s'expliquer à Rome, où il ne parvint pas à convaincre. Les évêques protecteurs de l'Institut, qui en constituaient comme le conseil d'administration, s'émurent et, dans un premier temps, pour sauver les meubles, le recteur proposa de retirer à Loisy l'enseignement de l'Écriture sainte et de le cantonner dans celui des langues orientales. Il reprit dans ces conditions à la rentrée d'octobre, mais sa leçon de clôture de l'année précédente sur « la Question biblique et l'inspiration des Écritures », publiée en novembre dans *L'Enseignement biblique*, se démarquait sans ambages de la version édulcorée qu'en avait proposée Mgr d'Hulst. « Le *Pentateuque*, en l'état où il nous est parvenu, ne peut pas être l'œuvre de Moïse. Les premiers chapitres de la *Genèse* ne contiennent pas une histoire exacte et réelle des origines de l'humanité. Tous les livres de l'Ancien Testament et les diverses parties de chaque livre n'ont pas le même caractère historique. [...] L'histoire de la doctrine religieuse contenue dans la Bible accuse un développement réel de cette doctrine. » Et l'affirmation déjà rencontrée : « Un livre, même divin, est encore un livre : destiné aux hommes, il est encore et nécessairement un livre humain. »

L'article va définitivement indisposer les évêques, scandaliser en particulier le cardinal Richard, archevêque de Paris, avec lequel Loisy aura une entrevue orageuse (« parmi les moments de mon existence qui m'ont été de grandes épreuves morales, je ne sais s'il y en eut de plus angoissants que ceux où j'eus l'honneur de converser avec ce saint prélat »). Le conseil des évêques protecteurs se prononce donc « pour la forme la plus douce de la révocation, celle qui se déguise en une démission volontaire », qu'il donne effectivement le 17 novembre. À la fin du même mois, coup supplémentaire, l'encyclique *Providentissimus Deus* sur l'étude de l'Écriture rappelait au respect des principes traditionnels en matière d'exégèse et prenait nettement position contre la tentative de limiter l'inerrance biblique aux seules vérités religieuses et morales. Dès le 1er décembre, le cardinal Richard enjoignait à Loisy d'interrompre la publication de *L'Enseignement biblique*. Sur le conseil de quelques amis, celui-ci écrivit au pape pour témoigner de sa soumission à l'encyclique, qu'il croyait « encore possible de tirer vers un sens raisonnable ».

Dans ces épreuves, Loisy restait un homme seul. Ses relations avec Duchesne, vis-à-vis duquel il avait toujours gardé une certaine réserve, s'étaient singulièrement refroidies à la suite d'un incident (Duchesne avait négligé d'appuyer sa candidature aux Hautes Études) ; et si Mgr d'Hulst lui avait été longtemps bienveillant, les événements des derniers mois avaient conduit à la rupture. Ses rares contacts avec la hiérarchie ne pouvaient que lui laisser une impression amère. L'année précédente, un long entretien avec Mgr Meignan, archevêque de Tours et prochain cardinal, bien informé des problèmes bibliques, s'était conclu sur un avertissement sans fard : « Vous vous briserez inutilement. »

Il a noué cependant deux grandes amitiés qui seront son plus ferme soutien à travers les tempêtes. Longtemps fondées sur une certaine communauté d'idées (non sans quelque malentendu peut-être) et d'espérances, elles ne se rompront pas quand les chemins divergeront et que Loisy sera proclamé solennellement *vitandus*, c'est-à-dire infréquentable selon la discipline de cette Église à laquelle eux resteront fidèles. Deux hommes fort différents entre eux et de ce jeune professeur, encore inconnu et déjà suspect ; mais leur itinéraire antérieur explique que les chemins vont se croiser.

La première rencontre remontait déjà à quelques années. En avril 1888, au Congrès scientifique international des catholiques, Loisy lisait une communication sur « un texte liturgique babylonien »; à un moment, il marqua une hésitation, comme s'il avait « craint de fatiguer l'auditoire en le retenant trop longtemps sur un sujet si particulier ». En face de lui, « un ecclésiastique encore assez jeune, de belle prestance, de physionomie intelligente et agréable », l'encouragea aussitôt: « Continuez, monsieur l'abbé; ce que vous faites entendre est trop intéressant pour être abrégé. »

Eudoxe-Irénée Mignot[1] était alors vicaire général de Soissons. Né le 20 septembre 1842, à Brancart-en-Vermandois, dans le département de l'Aisne, fils d'un instituteur public, mais d'un instituteur d'avant Jules Ferry, fidèle auxiliaire du curé, « plein de foi, de zèle pour la gloire de Dieu, ne connaissant que le chemin de l'école et de l'église », il avait été envoyé, après le petit séminaire, à Paris pour ses études cléricales à Saint-Sulpice. Là se dessina son orientation intellectuelle. Il n'accrocha guère à la philosophie et à la théologie scolastiques, mais commença de s'intéresser aux récentes découvertes scientifiques, aux théories sur l'évolution de la terre et de l'homme et aux problèmes qu'elles posaient à la foi traditionnelle. Il subit surtout l'influence de deux professeurs. Avec M. Le Hir, qui avait été le maître de Renan, il s'initia à l'hébreu et découvrit la critique biblique (une critique érudite, mais prudente et soumise à la théologie dans ses conclusions). M. Hogan, d'orientation libérale et sévère pour les scléroses de la formation cléricale, lui fit lire Newman, en particulier l'*Essai sur le développement de la doctrine chrétienne.* Retourné dans son diocèse, il suivit un parcours classique: professeur dans un collège, vicaire desservant d'une paroisse rurale, puis curé-doyen. Ces charges

1. Sur Mgr Mignot, nous disposons maintenant d'un travail remarquable, encore inédit mais dont il faut souhaiter la publication prochaine: la thèse de Louis Pierre SARDELLA, *Un évêque français au temps du modernisme, Mgr Eudoxe Irénée Mignot (1842-1918). L'autorité et la conscience* (sous la direction d'É. Fouilloux, Université Lumière – Lyon-II, décembre 2000). Je remercie M. Sardella d'avoir bien voulu me la communiquer. Les pages suivantes s'en inspirent très largement et lui empruntent quelques citations.

lui laissaient d'appréciables loisirs, qu'il consacra à compléter une formation dont il percevait les lacunes, en affrontant la pensée contemporaine. Il s'attacha à l'étude de l'Écriture, se tenant au courant des travaux récents (il lisait assez couramment l'anglais). Toute sa vie d'ailleurs et jusque dans ses responsabilités épiscopales, il s'avouera « homme d'études plutôt qu'homme d'œuvres[1] ».

Deux problèmes déjà le préoccupaient, qui seront au centre des prochains débats. Celui de « la science du Christ » d'abord: a-t-il suivi le développement naturel de l'esprit humain, comme semble le suggérer l'évangile de Luc: *« Et Jesus proficiebat sapientia et aetate et gratia apud Deum et homines »*? ou bien, comme le soutenait la théologie traditionnelle, dès l'origine connaissait-il toutes choses, passées, présentes et futures, de cette *scientia visionis* qui est le propre de la nature divine ? Et d'autre part le problème de l'historicité de la Genèse et plus globalement l'attribution à Moïse de la rédaction du Pentateuque, les cinq premiers livres de la Bible. Il résumait dans ses notes intimes la conviction à laquelle il était arrivé, que « le Pentateuque n'est pas, dans son état actuel, l'œuvre de Moïse, mais une compilation faite plus tard; que la *Genèse* ne donne pas l'origine scientifique du monde, que la division en six jours de 24 heures ne répond pas à la réalité des choses, qu'il ne faut pas prendre à la lettre le récit de la chute, la longévité des patriarches anciens, l'universalité du déluge, qu'il y a des inexactitudes historiques; que les auteurs se sont inspirés de récits qui couraient dans leur pays d'origine tout en leur enlevant leurs caractères polythéistes et en les nettoyant de leurs impures scories[2] ». Il tenait enfin pour « l'inspiration restreinte », c'est-à-dire que l'Écriture n'est inspirée par Dieu qu'en ce qui touche à la religion, à la foi et aux mœurs, non pour les questions profanes, de science ou d'histoire. Il est dès lors convaincu que « le seul moyen d'empêcher de faire de la mauvaise critique, c'est d'en faire de la bonne ».

1. SARDELLA, p. 201.
2. *Ibid.*, p. 150.

Si elles peuvent paraître aujourd'hui banales, ces positions – fort proches, on l'aura remarqué, de celles de Loisy – étaient alors singulières (dans tous les sens du terme : isolées, à contre-courant, mais aussi scandaleuses) chez un évêque. En effet, Mignot va être nommé, en 1890, au siège de Fréjus. Dix ans plus tard, il sera transféré à l'archevêché d'Albi. Promotion assez décevante pour lui-même, qui espérait un siège plus prestigieux (Toulouse ou Rouen) comme pour ses amis qui mettaient beaucoup d'espoirs dans le rôle qu'il pourrait jouer, Loisy au premier rang qui le pressait de ne pas se compromettre sur la question biblique : « Si j'osais, Monseigneur, lui écrivait-il le 11 septembre 1896, je vous dirais : devenez archevêque, mais ne vous fourrez pas dans ce guêpier[1]. » Si compétents fussent-ils, les savants catholiques appartenaient à l'*Ecclesia discens*, l'Église enseignée, et l'*Ecclesia docens*, l'Église enseignante, le corps épiscopal restait imperméable à leurs idées et sourde à leurs avertissements. Y trouver un allié, dans une charge qui lui assurait une autorité incontestable, conférerait une garantie officielle à des propositions jusque-là malfamées et permettrait de faire évoluer doucement les choses. Loisy pourra croire un moment ce vœu réalisé. C'est ainsi que l'archevêque, à la séance de rentrée de l'Institut catholique de Toulouse, en 1901, prononcera un discours sur « la méthode en théologie » qui se voulait comme le prudent manifeste de l'esprit nouveau. Loisy l'en félicitera aussitôt.

> Par ce discours [...] vous prenez la tête de l'épiscopat français, une place qui est restée longtemps vide, car je ne suis pas bien sûr que quelqu'un l'ait occupée au cours du XIXe siècle. Grâce à vous l'Église prend officiellement l'attitude qu'elle doit prendre en face du mouvement scientifique, désormais incoercible. Je ne veux pas affirmer que beaucoup de gens ne se feront pas longtemps encore prier avant d'accepter votre programme, mais le programme est là, et il marquera une date[2].

1. SARDELLA, p. 196.
2. 31 décembre 1901 ; M. BÉCAMEL, « Lettres de Loisy à Mgr Mignot », *Bulletin de littérature ecclésiastique*, avril-juin 1966, p. 104.

Vains espoirs : Mignot restera isolé dans l'épiscopat français, suspect parmi ses collègues et à Rome en raison même de ses liens connus avec Loisy. Il continuera pourtant d'agir discrètement en faveur de celui-ci, sans grand succès d'ailleurs. Ce fut, écrit Loisy, « un des hommes qui m'ont été le plus dévoués et que j'ai le plus aimés ».

Un abonné de *L'Enseignement biblique* lui avait envoyé de Londres, le 30 avril de cette même année, une lettre qui préludait à une longue amitié ; ce nouveau correspondant, séjournant à Paris fin octobre, eut d'ailleurs avec lui trois entretiens. Le baron Friedrich von Hügel[1] incarnait à la perfection « l'éducation européenne » d'une certaine aristocratie de cette époque. Il était né le 5 mai 1852 à Florence où son père représentait l'empereur d'Autriche auprès des grands-ducs de Toscane ; sa mère, de famille écossaise et presbytérienne, s'était convertie au catholicisme au moment de son mariage. Il apprit l'anglais avec l'une, l'allemand avec l'autre, l'italien bien sûr et le français avec ses précepteurs. Toute sa vie, il devait pratiquer à peu près indifféremment les quatre langues ; il les écrira, par la suite, dans un style inimitable et qui ne constitue pas un modèle de légèreté. Il avait huit ans quand son père fut nommé à Bruxelles. Son éducation y fut confiée à un pasteur luthérien, sous le contrôle d'un historien catholique qui était aussi ministre de Prusse. En 1867, la famille s'installa définitivement en Angleterre. Le jeune homme y poursuivit son éducation, avec deux principaux centres d'intérêt : la géologie (guidé, toujours sous le signe de l'œcuménisme, par un savant quaker) et la littérature de l'Antiquité classique, grecque et latine. Il épousa, en 1873, Mary Herbert of Pembroke, d'une grande famille de l'aristocratie, convertie de l'anglicanisme, et dont la mère était une amie de Newman et du futur cardinal Vaughan.

1. Sur Hügel, voir, en français, Jean STEINMANN, *Friedrich von Hügel*, Aubier, 1962, qui « adapte » librement la biographie de référence, Michael DE LA BEDOYÈRE, *The Life of Baron von Hügel*, Londres, Dent, 1951 ; voir également Lawrence F. BARMANN, *Baron Friedrich von Hügel and the Modernist Crisis in England*, Cambridge University Press, 1972.

Le jeune baron menait une vie religieuse fervente, traversée de scrupules. Un séjour à Paris, en 1884, lui donna l'occasion de nombreuses rencontres dont deux furent décisives pour la suite. Avec Louis Duchesne, il allait dorénavant entretenir une correspondance régulière qui l'introduirait dans les débats français. L'abbé Henri Huvelin (1828-1910)[1] est surtout connu pour avoir été le confesseur et le conseiller de Charles de Foucauld. Ancien élève de l'École normale supérieure, esprit très libre et cultivé, de santé fragile, il se cantonna volontairement dans de modestes fonctions de vicaire où il exerça un rayonnement assez extraordinaire. Il apaisa les inquiétudes de Hügel et resta son directeur de conscience, lui tenant des propos peu conformistes : « Les sciences, les expériences ont fait beaucoup de chemin depuis que la théologie s'est arrêtée. » « Le miracle m'est très antipathique. » « Il faut que l'orthodoxie s'arrange avec la vérité. C'est son affaire à elle. » C'est à lui sans doute, en grande partie, que Hügel doit cet équilibre dont témoigne un de ses amis anglais, Wilfrid Ward : « C'était un saint et un mystique en même temps qu'un savant et un penseur. Sa position globale était que, pourvu que vous ayez l'esprit des saints, la liberté intellectuelle était, pour un chrétien, aussi sûre que désirable. Sainteté et liberté d'esprit étaient parfaitement conciliables, affirmait-il[2]. »

Rentré en Angleterre, il se mit à l'étude de l'hébreu, se familiarisa avec les travaux critiques, entra en correspondance avec le grand orientaliste Gustav Bickell, prêtre catholique et professeur à l'université d'Innsbruck, et commença à collaborer régulièrement au *Bulletin critique* de Duchesne pour des recensions. C'est Bickell qui, le premier, lui signala les livres de Loisy. Dès 1890, il conseillait à son ami Ward la lecture de l'*Histoire du canon de l'Ancien Testament*, « un travail extraordinaire, juste ce que nous désirons ». Dans ce domaine, le baron était au moins un amateur très éclairé, comme en témoignera sa communication au Congrès inter-

1. L. Portier, *Un précurseur : l'abbé Huvelin*, Éd. du Cerf, 1979.
2. Cité par M. de la Bedoyère, p. 57.

national des savants catholiques de Fribourg, en 1897, sur « la méthode historique et son application à l'étude des documents de l'Hexateuque[1] ». Loin d'être marginale, cette curiosité ne représentait cependant qu'un pôle de ses intérêts. Spéculatif par tempérament intellectuel, sa vocation profonde était celle d'un philosophe de la religion. Au cœur de sa réflexion, le problème – qui, à un niveau sans doute plus modeste, préoccupait également Mgr Mignot – soulevé par le croisement de ses compétences critiques et de ses exigences spirituelles : comment concilier le relativisme qu'impose la démarche historique et l'absolu de la foi chrétienne, ou, pour reprendre le titre d'un de ses articles, « Expérience et transcendance » ? Amorcée en 1898 par quelques pages dans un bulletin confidentiel, longuement mûrie les dix années suivantes pour aboutir à deux gros volumes, son œuvre majeure, *The Mystical Element of Religion as Studied in Saint Catherine of Genoa and her Friends*, déploie les amples perspectives de sa pensée. C'est d'abord une sorte de *Discours sur l'histoire et la religion universelles*, dans le style des grandes philosophies synthétiques du XIXe siècle (Hegel, Auguste Comte...) et qui comme elles s'organise en triades : trois forces maîtresses de la civilisation occidentale, trois âges dans le développement religieux de l'individu et – ce qui nous intéresse plus directement – trois éléments de la religion : institutionnel, intellectuel, mystique, entre lesquels le christianisme catholique – et c'est ce qui constitue sa supériorité –, réalise un équilibre harmonieux. Mais, à propos de Catherine de Gênes – Catherine Fiesca Adorna (1447-1510) –, il aborde aussi, pour les traiter sans faux-fuyants, les problèmes que pose l'expérience mystique à l'esprit moderne : examen critique des documents et des sources littéraires, manifestations pathologiques (en particulier symptômes hystériques), portée théologique de ses visions où le purgatoire tient une grande place, mystique chrétienne et mystiques « naturelles »

1. On désigne ainsi les cinq livres du Pentateuque, plus le livre de Josué.

(dans d'autres religions ou d'autres cultures). Un bon juge, William Temple, archevêque anglican de Cantorbéry, dira après la mort du baron que « c'est l'ouvrage de théologie le plus important écrit en langue anglaise durant le dernier demi-siècle. Sa grandeur, comme toute grandeur véritable dans ce domaine, consiste dans la combinaison de qualités habituellement disjointes. C'est un chef-d'œuvre d'étude critique détaillée et cependant une présentation majestueuse de principes fondamentaux. C'est un exemple pénétrant d'analyse psychologique mais en même temps un monument de philosophie constructive[1] ».

« Spontanément dévoué, déjà parti pour une grande œuvre de renouveau dans le catholicisme, encourageant tous les travailleurs de bonne volonté qu'il rencontrait, travaillant avec eux et se remuant pour eux », Hügel, dans une lettre écrite le jour même où les évêques décidaient la destitution de Loisy, saluait avec enthousiasme l'article qui l'avait provoquée : « Vous substituez aux vaines échappatoires des apologistes des principes et des maximes vraiment acceptables, vraiment féconds, tant pour le savant que pour le théologien. »

Le baron rendit visite à Mgr Mignot, dans son évêché de Fréjus, le 22 novembre 1893. « Ce jour, note Loisy, est mémorable dans l'histoire du modernisme catholique ; je serais bien tenté d'y voir une des dates que l'on pourrait assigner à son commencement. » Entendons-le bien. Il ne s'agit pas, comme le prétendront certains, des germes d'un complot, d'une conspiration prochaine contre l'orthodoxie. Mais, nous l'avons dit, Loisy jusque-là a été un homme seul. Voici que s'amorce un réseau, dont il sera le foyer. Grâce surtout à Friedrich von Hügel, homme de contacts et d'amitiés, attentif à se lier, sur quatre pays au moins entre lesquels il voyageait sans cesse, avec tous ceux qui comptaient dans la philosophie et les sciences religieuses européennes et à les mettre en rapport.

À la suite de ceux qui seront, jusqu'à la fin et à travers les épreuves, des amis fidèles, peut-être faut-il évoquer déjà

1. Article du *Guardian*, cité par M. DE LA BEDOYÈRE, p. 223.

des adversaires aussi constants. Certains sont attendus et ils prendront, en cours de route, des identités diverses : tous les tenants de la tradition, théologiens ou représentants de l'autorité hiérarchique. Mais, selon une règle commune, les plus hostiles seront les plus proches : ils se disent, entre modernistes et conservateurs, « progressistes », ils souhaitent eux aussi renouveler les sciences religieuses selon les exigences des méthodes nouvelles, mais ils estiment leurs efforts compromis par les témérités de Loisy, ils se refusent à être confondus avec lui et ils s'en démarqueront avec d'autant plus de vigueur. Leur situation est d'ailleurs difficile puisqu'ils doivent combattre sur deux fronts. Les deux plus importants appartiennent à la même génération que lui et il les retrouvera souvent sur son chemin. L'aîné – il est né en 1855 –, Albert (en religion Marie-Joseph) Lagrange, a déjà posé les bases de sa carrière scientifique. Entré dans l'ordre de Saint-Dominique, il s'y est initié au thomisme, puis aux langues sémitiques. Il a été envoyé, en 1890, à Jérusalem pour y créer une École pratique d'études bibliques et a fondé deux ans après la *Revue biblique*. Son biographe le plus autorisé[1], tout en soulignant que son originalité « est d'avoir tenu ensemble la fidélité aux exigences de la science comme aux enseignements de l'Église catholique », rappelle que, tout au long de sa carrière, il n'a jamais « joui d'une entière liberté de recherche : harcelé par des polémistes soupçonneux, bridé par des censeurs opportunistes, voire désavoué publiquement par les autorités romaines ». De quatre ans plus jeune que Loisy, Pierre Batiffol, qui s'était lié d'amitié avec Lagrange dès leurs années communes de séminaire à Issy, fut du petit groupe de jeunes disciples que Duchesne avait formé autour de lui à l'Institut catholique et aux Hautes Études. Loisy, qui l'y rencontra alors, jugeait qu'il était « timide par nature et craignait de se compromettre ». Il

1. Bernard MONTAGNES, dans *Les Sciences religieuses (Dictionnaire du monde religieux dans la France contemporaine, 9)* Beauchesne, 1996, p. 375 ; voir surtout, du même, *Le Père Lagrange (1855-1938). L'exégèse catholique dans la crise moderniste,* Éd. du Cerf, 1995.

semble bien que, historien scrupuleux et ouvert, il soit toujours resté conservateur en matière philosophique et théologique. Il participa à la fondation de la *Revue biblique* et continua d'y jouer un rôle important, mais sa spécialité propre était l'histoire de l'Église dans les premiers siècles et la liturgie. Désigné, en 1891, comme recteur de l'Institut catholique de Toulouse, il devait y fonder, en 1899, le *Bulletin de littérature ecclésiastique* qui se montra toujours « vigilant » à l'égard de Loisy (celui-ci parlera souvent du « groupe de Toulouse », y associant Lagrange et Batiffol). Lui-même cependant n'échappera pas aux censures : en 1907, son livre sur *L'Eucharistie* sera mis à l'Index et il devra abandonner son poste de recteur pour reprendre à Paris la charge d'aumônier de l'école Sainte-Barbe, qu'il avait déjà occupée quand Péguy y était élève.

Après quelques mois où on le laisse dans l'incertitude sur son sort, Loisy est nommé aumônier des Dominicaines qui dirigent un pensionnat de jeunes filles, avenue Sainte-Foy à Neuilly. Mesure sanitaire, pour qu'il ne risque plus de contaminer les intelligences de jeunes clercs. Paradoxalement, ces « cinq années de quasi-solitude et de paix », dans un milieu qu'il apprécie et dont il est apprécié, vont lui permettre de prendre du recul et de laisser mûrir ses prochaines audaces. Jusque-là, comme il l'explique, des enseignements très spécialisés l'accaparaient au cours de l'année universitaire et il ne trouvait que pendant les vacances le temps d'une réflexion plus ample. Sa modeste charge lui laisse le loisir de vastes lectures qui débordent le champ de ses études spéciales : d'autant que la *Revue critique*, à laquelle il collabore pour les recensions d'ouvrages, lui envoie aussi « tous les livres concernant l'histoire des religions, la philosophie de la religion, l'histoire de l'Église, l'histoire des dogmes chrétiens ». Ainsi peut-il suivre de près « le mouvement général des idées religieuses ». Il est chargé d'autre part de l'instruction religieuse des élèves et, pour les plus grandes – ce qu'on appelait le catéchisme de persévérance –, prépare ces conférences avec le scrupule qu'il portait à toute chose. « Il s'est trouvé que la préparation de ces instructions a puissamment contribué à l'éclosion du modernisme. » Comprenons que, laissant de côté les problèmes posés par la critique savante, il s'efforçait de dégager – ce sera en effet un des propos, pour un public plus large, de *L'Évangile et l'Église* – la substance du message chrétien. Certes, sa pensée dès lors allait plus avant que son discours. En témoigne un examen de conscience rétrospectif qu'il faut citer, quitte à faire une entorse à la règle que nous nous sommes fixée de n'utiliser que des textes écrits « à chaud », au moment même : sans doute systématise-t-il après coup (plus de trente ans) ce qui pouvait être encore flou, en partie inavoué à lui-même, mais il n'y a pas de raison d'en mettre en doute l'authenticité pour l'essentiel. Sur ces positions, il va camper pour longtemps, jusqu'à la fin peut-être, mis à part la dernière, le dévouement critique mais sincère à l'Église.

Je n'avais pas retrouvé, je ne pouvais pas retrouver, pour mon propre compte, la foi naïve de mon enfance ; je n'acceptais à la lettre aucun article du symbole catholique, si ce n'est que Jésus avait été « crucifié sous Ponce Pilate » ; mais la religion m'apparaissait de plus en plus comme une force immense qui avait dominé, qui dominait encore, qui semblait devoir dominer toujours l'histoire de l'humanité. Toutes ses formes historiques avaient leurs limites, leurs défauts, leurs abus ; mais elles représentaient à peu près toute la vie morale du genre humain. La religion chrétienne, faisant suite à la religion israélite, se distinguait entre toutes par la hauteur de son idéal ; l'Église catholique était la mère des peuples européens ; reine déchue, mais influente encore, elle demeurait maîtresse de son avenir ; si elle savait parler aux peuples, nulle puissance adverse ne pourrait lutter contre elle. À cette Église, en dépit de tout ce qu'elle m'avait déjà fait souffrir, je restais sincèrement dévoué.

Cette retraite ne le condamne pas cependant tout à fait au silence. Ainsi lance-t-il une entreprise qui ne va pas être sans conséquence. La *Revue d'histoire et de littérature religieuses*, qui prenait la suite de *L'Enseignement biblique*, se présentait comme « purement historique et critique », avec un comité de patronage qui comptait quelques noms prestigieux, dont celui de Duchesne. Dans la coulisse, un professeur à la faculté des lettres de l'Institut catholique, latiniste éminent, spécialiste de patristique, l'abbé Paul Lejay, secrétaire aussi actif que discret. La revue vit surgir un certain nombre d'auteurs jusque-là inconnus et qui se révélèrent bientôt des pseudonymes. Duplicité, souci d'avancer des vues hardies tout en préservant sa tranquillité, et par exemple une situation ecclésiastique ? Le grief sera souvent formulé contre les « modernistes », ou prétendus tels, et il n'est pas toujours injustifié. Encore faut-il distinguer. Dans ses dernières années, la revue publia des articles signé « Antoine Dupin » et « Guillaume Herzog » ; ils étaient l'œuvre d'un prêtre du diocèse de Rennes, Joseph Turmel, spécialiste (corrosif) de l'histoire des dogmes, qui continua de publier livres et articles, fort polémiques, sous quatorze pseudonymes différents et, longtemps soupçonné par certains, ne fut finalement démasqué et excommunié qu'en… 1930. Pratique d'ailleurs fort répandue, dans tous les camps : les « intransigeants » ne s'en privaient pas[1]. Quant à Loisy, il fait remarquer que ses pseudonymes n'ont sans doute jamais trompé personne, qu'il en livra lui-même la clé, ne les utilisa que pendant une courte période et cessa définitivement dès la fin de 1900. Il y recourait, confiait-il à Hügel, non pas pour se cacher, mais parce qu'il ne pouvait « décemment signer les trois articles » qu'il publiait dans le même numéro de sa revue. A-t-il, plus ou moins consciemment, visé un autre effet : donner l'impression, non de l'action d'un solitaire, mais d'une offensive groupée, d'une convergence d'interrogations critiques ? C'est un des reproches que l'encyclique *Pascendi* adressera aux modernistes : « ils multiplient leurs pseudonymes pour mieux tromper, par la multitude simulée des auteurs, le lecteur imprudent. » En tout cas, l'apparition de la revue fut saluée avec enthousiasme par ses amis. Le baron von Hügel l'écrivit à Mgr Mignot le 9 mai 1896.

1. On se reportera à l'« Annexe : pseudonymes et anonymes modernistes » et aux réflexions de portée générale d'Émile POULAT en appendice de sa *Crise moderniste*…

Que je suis heureux de la réapparition de ce bon et très rare critique, notre bien cher abbé Loisy, parmi les écrivains vivants. Si nous avons, peu à peu par ci par là, un peu partout, des gens qui entendent à leur degré ces questions qui ne nous laisseront plus tranquilles, nous n'avons pas, nous n'aurons pas d'ici bien longtemps, un homme qui combinât des connaissances et des qualités d'esprit, d'imagination, de bon goût, de cœur et de foi aussi rares au degré que lui les combine et les applique.

Et Mignot lui répondait sur le même ton, le 29 :

Ce jeune savant sera un de ceux qui marqueront davantage dans l'histoire de ce siècle au point de vue de l'exégèse catholique[1].

Mais le fruit principal de la retraite de Neuilly est ailleurs. Le 15 septembre 1896, il écrivait au baron von Hügel que le catéchisme de persévérance qu'il dispensait aux jeunes filles lui avait « donné l'idée d'une exposition générale de la doctrine catholique à l'usage de cette fin de siècle, quelque chose de sensé pour tout le monde et de réconciliant pour les gens du dehors ». Il pensait trouver des éléments utiles « dans certains écrits de Newman » qu'il ne connaissait encore que « par des extraits d'un livre sur le développement doctrinal où il y a de bons principes » et priait le baron de lui fournir ses livres. Celui-ci s'exécuta avec empressement. Cette découverte de Newman va jouer un rôle essentiel. Elle ne fait pas de Loisy un disciple du cardinal anglais, qui aurait certainement désavoué la plupart de ses idées. Il trouve cependant en lui un garant, au moins partiel et provisoire. Il donnait l'exemple d'un penseur longtemps marginalisé, soupçonné de « libéralisme » et de complaisance aux idées modernes, mais finalement – de façon bien tardive sans doute – objet d'une reconnaissance officielle. Figure éminente de l'Église anglicane, leader incontesté en son sein du Mouvement d'Oxford, le catholicisme aurait dû se glorifier de sa conversion ; il n'y connut pourtant que déboires, échecs, désillusions, jusqu'à ce que Léon XIII, en lui conférant la pourpre cardinalice, lui offrît une éclatante

13. SARDELLA, p. 269.

réparation. Loisy s'est sans doute intéressé à la *Grammaire de l'assentiment*, analyse du processus de la certitude religieuse qui oppose connaissance *notionnelle* et connaissance *réelle*, à la pure démonstration logique ce que nous appellerions aujourd'hui une expérience existentielle. Mais il s'attacha surtout à l'œuvre la plus célèbre et la plus controversée, celle même qui avait conduit Newman au terme de son évolution vers l'Église romaine, l'*Essai sur le développement de la doctrine chrétienne.* Ces « nouveautés » dogmatiques qu'anglicans et protestants reprochaient au catholicisme d'avoir introduites dans la foi primitive, il montrait qu'elles étaient des développements légitimes du dépôt révélé : croissance plutôt qu'évolution au sens de la science contemporaine, explicitation de l'implicite, de ce qui était en germe dès l'origine. Loisy ne s'attardait pas à ces nuances ; cela seul lui importait qu'une autorité théologique reconnue ait montré que les dogmes n'étaient pas immuables.

Le livre annoncé au baron va donc prendre forme, en deux rédactions successives (juillet 1897-janvier 1898 ; juillet 1898-mai 1899), sous le titre *La Crise de la foi dans le temps présent. Essais d'histoire et de philosophie religieuses.* Tel quel, il restera inédit, mais on ne saurait en majorer l'importance : Loisy en extraira la substance de la série d'articles et des deux ouvrages, *L'Évangile et l'Église* et *Autour d'un petit livre*, qui seront les détonateurs de la crise et inaugureront la phase aiguë de l'épisode moderniste. Le manuscrit (on ne retient ici que le second) présente un aspect impressionnant : un cahier grand format de 165 folios couverts d'une écriture minuscule et très serrée (86 lignes par folio, 125 signes par ligne, soit à peu près l'équivalent de plus de huit cents pages d'un livre comme celui-ci). Il s'agit donc d'une ample synthèse qui englobe tous les aspects du problème religieux, des bases épistémologiques à la situation présente du catholicisme romain, comme l'indique la table des matières.

Avant-propos (f°1-3).

Chapitre I. Les théories générales de la religion (f°4-18).

I. La théorie catholique.

II. Le rationalisme incrédule.

III. Le protestantisme libéral.
Chapitre II. Religion et révélation (f° 19-31).
Chapitre III. La religion d'Israël (f° 32-45).
Chapitre IV. Jésus-Christ (f° 46-57).
Chapitre V. L'Évangile et l'Église (f°58-70).
Chapitre VI. L'Évangile et le dogme chrétien (f°71-85).
Chapitre VII. L'Évangile et le culte catholique (f°86-100).
Chapitre VIII. Le régime intellectuel de l'Église catholique (f° 101-113).
Chapitre IX. Le dogme et la science (f° 114-127).
Chapitre X. La raison et la foi (f°128-140).
Chapitre XI. La religion et la vie (f° 141-160).
Chapitre XII. Le passé et l'avenir (f° 161-165).

Tenons-nous un exposé authentique et détaillé de la pensée de Loisy à ce stade ? Il faut distinguer. Un ouvrage aussi construit (à la différence de notes personnelles, d'un journal intime) est écrit à l'évidence pour des lecteurs au moins virtuels, ou futurs. S'il veut d'abord faire le point pour lui-même, il n'y dit peut-être pas tout ce qu'il pense, mais il formule ce qu'on se risquera d'appeler son *message*, ce qu'il voulait tenter de faire passer. Non pas d'un bloc sans doute, puisqu'il a retenu le livre sous cette forme première, mais progressivement, par petites doses et au gré des circonstances.

Il commence donc par affirmer la nécessité et l'urgence d'une « réforme du régime intellectuel du catholicisme romain ». Car la théologie traditionnelle, qui détermine ce régime, s'appuie sur trois postulats, qu'elle considère comme des « principes indiscutables ». Postulat théologique : « les idées religieuses fondamentales, à commencer par l'idée de Dieu, ont été essentiellement invariables, au moins dans une portion choisie de l'humanité, depuis l'origine du monde ». Postulat messianique : « Jésus et l'Église ont été l'objet de prédictions formelles et claires dans l'Ancien Testament. » Postulat ecclésiastique : « l'Église, avec les degrés essentiels de sa hiérarchie, ses dogmes fondamentaux et les sacrements de son culte, a été directement instituée par le Christ. » Conception intenable devant les acquis de la critique et de l'histoire. Pour l'« amender », il se propose de partir de « la théorie du développement du dogme chrétien selon Newman », en l'élargissant d'ailleurs « non seulement à l'histoire du christianisme depuis l'Évangile, mais aussi et d'abord à la révélation biblique dans les deux Testaments » et, plus globalement encore, « à toute l'histoire de la religion depuis les origines de l'humanité ». Autre prémisse, qui restera une constante de sa pensée, le refus de l'individualisme protestant : « La religion, dans toutes ses formes, même les plus imparfaites, a toujours poursuivi l'union des hommes en Dieu, non seulement l'union de l'homme avec Dieu. »

Il n'est pas question ici d'analyser cet énorme ouvrage. Arrêtons-nous du moins sur le chapitre capital consacré à Jésus-Christ. Loisy rappelle d'abord que les évangiles ne sauraient constituer une « vie de Jésus », qu'en faire une biographie serait une entreprise aléatoire : ils témoignent de la foi de la communauté primitive. On peut du moins, « abstraction faite de toute controverse théologique et critique », en dégager « dans leur simplicité première les traits principaux de la vie et de l'enseignement de Jésus, tels que le témoignage apostolique les présente à l'âme religieuse ».

Vers la quinzième année du règne de Tibère, on vit paraître sur les bords du Jourdain, non loin de l'endroit où il se jette dans la Mer Morte, un personnage assez semblable aux anciens prophètes, bien qu'il refusât lui-même d'en prendre le titre et se dît seulement envoyé de Dieu pour prêcher la pénitence en vue du royaume céleste qui allait venir. Cet homme s'appelait Jean. La vie ascétique qu'il menait ressemble beaucoup à ce que l'on raconte des esséniens, mais par la singularité de sa mission il n'appartenait à aucune secte. C'était un fervent messianiste. Il était persuadé que l'heure approchait où Dieu ferait éclater sa puissance, et il exhortait ses contemporains à se préparer pour le grand jugement. À tous ceux qui acceptaient sa prédication il donnait dans le fleuve un baptême qui signifiait le changement de vie dont ils faisaient profession. Parmi ceux qui vinrent ainsi l'entendre et qui reçurent son baptême se trouva un jeune homme de Nazareth en Galilée, nommé Jésus, qui sans doute nourrissait lui aussi la pensée du royaume qu'annonçait Jean-Baptiste. En recevant le baptême, Jésus, d'après la tradition, eut la vision rapide du rôle qui lui incombait dans l'avènement de ce royaume, maintenant tout proche et déjà même commencé en lui. Il comprit que l'heure était venue pour Dieu de se manifester aux hommes et qu'il avait, lui Fils de Dieu, à prêcher cette bonne nouvelle. Toutefois, la même tradition qui a gardé le souvenir de son baptême lui fait passer quelque temps au désert avant sa prédication. Errant dans la région solitaire qui est à l'ouest de la Mer Morte, il songeait aux conditions de son futur ministère et aux moyens de procurer l'avènement de ce royaume des cieux qui vivait déjà dans son cœur. Il fut tenté par le démon, il aperçut les écueils où son action pourrait se briser : la prétention au miracle et l'exploitation des faiblesses humaines, crédulité ou passions populaires, pour réaliser l'idéal divin, la liberté des enfants de Dieu. Il vit clairement qu'il fallait d'abord gagner les âmes et qu'une fois les âmes gagnées à Dieu, le royaume viendrait. Armé de cette confiance, il revint en Galilée et se mit à prêcher.

Voilà tout ce que l'histoire permet de dire de l'homme Jésus, lié à son peuple et à son époque. « De même que Jésus a dû se croire le Messie et se présenter comme tel aux Juifs de son temps pour être en ce monde ce qu'il devait y être, il a dû concevoir sous la même forme messianique son avenir et celui de son œuvre pour faire ici-bas ce qu'il devait y faire. L'espérance qu'il a eue n'était pas une erreur, c'était la seule manière vivante dont il pût envisager l'avenir, d'après ce qu'était pour lui le présent. » Mais il en va tout autrement pour le Christ de la foi.

[…] Par la foi du moins, nous savons que Jésus est roi dans l'éternité. Autant que nous connaissons l'économie des choses terrestres, Jésus vit dans son Église d'une manière et à un degré qui ne se sont jamais vérifiés pour aucun être humain. […] Son image se dresse au sommet de l'histoire, sur cette montagne mystique du haut de laquelle on voit tous les royaumes du monde avec leur gloire, et tous lui ont été donnés parce qu'il n'a pas adoré Satan, parce qu'il a suivi jusqu'au bout, sans peur et sans défaillance, la voie du devoir que sa conscience lui a montré. Son programme de vie et d'action n'était pas celui d'un sage, mais d'un libérateur divin qui savait aller lui-même à Dieu par le chemin de la douleur et ne devait jamais être trompé, de quelque façon qu'il plût au Père d'accomplir l'œuvre pour laquelle sa vie terrestre était sacrifiée.

On sera sensible à un déséquilibre patent entre ces textes : l'assurance, la précision de la reconstitution historique, le moralisme vaporeux du second. Loisy est bien conscient qu'il s'agit là du point névralgique et tente d'aller au devant de l'objection.

> Jésus n'avait-il pas dit que le royaume des cieux allait venir, et puisque le royaume des cieux n'est pas venu, ne faut-il pas reconnaître que Jésus s'est trouvé faire autre chose que ce qu'il voulait, et que pas une seule des communautés chrétiennes actuellement existantes, l'Église à plus forte raison que toutes les autres, parce qu'elle s'est plus écartée que toutes de la simplicité évangélique dans sa constitution, son enseignement, ses pratiques, ne peut s'arroger l'autorité du Christ, ni se prévaloir d'une institution qu'il ne lui a pas donnée ?

Il va donc s'efforcer, dans la suite de l'ouvrage, de montrer que « l'Église est le service universel du salut que Jésus a institué ; ce service prend la forme que nécessite le plus grand bien de ceux en vue desquels il a été établi ». S'opère ainsi un double déplacement, d'abord de la personne historique de Jésus à la foi des premiers disciples (« Le fait de la résurrection, sainement compris, n'appartient pas à l'ordre historique et humain. La résurrection de Jésus n'est pas la dernière étape de sa carrière terrestre, le dernier acte de son ministère parmi les hommes, mais le premier article de la foi des apôtres et le fondement spirituel du christianisme »), ensuite du Jésus des Évangiles à la mission historique de l'Église. Au fond, c'est en celle-ci qu'il veut mettre alors sa foi, et cette foi va se déliter, puis s'effondrer.

Ce processus évolutif concerne au premier chef la doctrine, car l'enseignement de Jésus ne comportait « ni système doctrinal ni symbole défini ». « Il n'a pas suffi à la religion chrétienne de s'exprimer une première fois, mais il s'en est fait incessamment comme des traductions nouvelles. » Il est absurde en effet, dans ce domaine comme dans les autres, de parler d'immutabilité : « dans le monde où nous vivons, rien n'est immuable. » « La spéculation dogmatique ne peut jamais être arrêtée définitivement sur un point quelconque des sujets qu'elle embrasse. La raison ne cesse pas de réclamer des interprétations nouvelles de la foi. On compromettrait celle-ci en la liant à des formules intangibles et immobiles ; on l'écraserait sous *la lettre qui tue*, au lieu de la fortifier dans *l'esprit qui vivifie*. »

Inévitable et salutaire, cette évolution est pourtant sérieusement compromise par « le régime intellectuel de l'Église catholique ». Certes l'autonomie des sciences est reconnue en principe. Mais la théologie entend exercer un droit de regard sur la philosophie, l'histoire des religions et même les sciences de la nature. Il est surtout une science qu'elle n'a pas « traitée jusqu'à présent comme libre, celle de ses origines », la critique biblique. Cet impérialisme de la théologie repose sur une conception erronée de son statut : elle n'est qu'une « philosophie de la révélation » et comme telle produit fragile et daté, toujours révisable, de l'esprit humain. « Elle n'est pas la révélation, elle n'est pas la religion, elle n'est pas la foi ni, à proprement parler, l'objet de la foi… Tout son prix vient de ce qu'elle est une interprétation de la foi. »

Le dernier chapitre, « Le passé et l'avenir », reprend ce thème central du développement. « Le vrai christianisme n'est pas celui qui n'a subi aucune transformation, car un tel christianisme est inconnu à l'histoire, mais celui dont les transformations régulières et continues ont produit un développement toujours fécond, sans altération essentielle ni décadence irrémédiable. » C'est précisément ce développement qui constitue « la vraie preuve de la vitalité surnaturelle du christianisme, autrement dit de sa divinité ». Un ultime survol de l'histoire montre que, « depuis le commencement et jusqu'à nos jours, l'Église a vécu de changement, de mouvement, de progrès ». Or, « à l'heure présente le catholicisme ressent un peu partout cette impression de malaise qui annonce et réclame les changements indispensables ; on voit déjà se produire des essais de conciliation sur tous les terrains où l'action, l'enseignement et la politique de l'Église se sont heurtés à l'esprit moderne ». Mais, comme à toutes les époques, les auteurs de ces essais ont vu se dresser contre eux la routine et le conservatisme, et il n'y a eu encore aucun effort d'ensemble, aucune mesure générale. L'exemple, hélas, vient de haut : « La grande injustice et le grand malheur de l'Église romaine, depuis plusieurs siècles, a été de regarder comme ses ennemis tous ceux qui se sont permis de dire publiquement des vérités désagréables pour elle. Le Pape et l'Église officielle vivent dans une sorte d'apothéose et il en cuit à ceux qui les troublent dans cette anticipation irrégulière de la béatitude éternelle. » Les lois de l'histoire permettent cependant d'affirmer que « l'antagonisme funeste et presque universel qui s'est établi entre l'Église et la société moderne ira s'affaiblissant jusqu'à ce qu'il disparaisse ».

Ce n'est donc pas vers le passé qu'il faut regarder, si ce n'est pour n'en rien laisser perdre qui mérite d'être retenu, car le passé ne contient ni la condamnation ni la justification complète du présent, ce n'est pas non plus le présent qu'il faut canoniser ou maudire, car le présent ne donne pas tout ce que promet l'Église, et ce qui paraît lui manquer maintenant est ce qu'il va bientôt acquérir ; c'est l'avenir qu'il faut envisager, qu'il faut préparer parce que l'avenir accomplira ce que nous regrettons de ne pas trouver dans le présent. Consolons-nous dans la pensée que nous contribuons pour notre petite part à cet avènement du royaume des cieux, en travaillant dans l'espérance, au milieu des hommes qui ne nous comprennent pas toujours, sous le regard de Dieu, qui seul juge et récompense.

Ces dernières lignes sont datées de « Neuilly, 4 mai 1899 ». Ces années de retraite, qui furent pour lui si fécondes, tiraient à leur fin. En septembre, alors qu'il était en vacances à Ambrières auprès de sa mère, des hémorragies stomacales successives le conduisirent « à deux doigts de la mort ». Trop faible pour reprendre le service de son aumônerie, il dut démissionner. Par son ancien élève François Thureau-Dangin, qui devait devenir un assyriologue éminent, fils de Paul Thureau-Dangin, grande figure du catholicisme libéral et secrétaire perpétuel de l'Académie française, il put s'installer dans un petit logement à Bellevue, près de Meudon. Mgr Mignot lui obtint l'indult de chapelle privée.

Parallèlement aux articles savants, sur l'exégèse principalement, qu'il continuait de publier sous son nom ou sous divers pseudonymes, dans la *Revue d'histoire et de littérature religieuses*, il livra au public plus large de la *Revue du clergé français* des extraits du grand livre inédit, d'abord pour l'essentiel les deux premiers chapitres, sur « le développement chrétien selon le cardinal Newman », la définition de la religion, la révélation. Ils firent froncer quelques sourcils, mais c'est le troisième chapitre, « la religion d'Israël », qui lui attira de sérieux ennuis. Le début parut dans le numéro du 15 octobre 1900. Il y rappelait que les données de la science infirmaient la chronologie biblique traditionnelle et l'historicité des premiers chapitres de la Genèse. Ils ne nous apprennent pas « et ne veulent pas nous apprendre dans quelles circonstances l'homme et la religion firent leur entrée dans le monde, ni comment ils s'y comportèrent au cours des âges préhistoriques ». Leur visée relève de l'ordre religieux ; ils font entendre « que l'homme parut sur la terre par la volonté et la vertu de Dieu, en qualité de créature; que ce fut dès l'abord une créature désobéissante et moralement déséquilibrée; que Dieu cependant veillait sur l'humanité en ces temps reculés comme il a fait plus tard, et qu'il la gouvernait selon sa justice et sa miséricorde ». Ces considérations scandalisèrent le cardinal Richard. Dès le 23 octobre, il écrivait à l'abbé Joseph Bricout, directeur de la revue, qu'il interdisait la publication de l'article. Loisy le fit tirer en brochure hors commerce, distribuée à ses amis, et porta à l'archevêché le montant de la petite pension (huit cents francs) qui lui avait été servie après sa démission de Neuilly. «Mes deux amis et moi», conclut-il après un échange de lettres sur cette affaire avec Mgr Mignot et le baron von Hügel, « nous ne doutions pas que nous étions à la veille d'une guerre de sept ans ».

3

AUX ORIGINES DE LA « GUERRE DE SEPT ANS »

Loisy avait le sentiment qu'on commençait à faire de lui « un hérétique et il n'était pas difficile de prévoir qu'on irait bientôt jusqu'à l'hérésiarque ». Soucieux donc de garantir son indépendance, il prend contact avec les milieux universitaires et obtient de donner un cours libre à la section des sciences religieuses de l'École pratique des hautes études, ainsi qu'une collaboration technique au *Corpus Inscriptionum semiticarum*. Cette section était malfamée dans le monde catholique (le cas de Duchesne, qui avait aussi enseigné aux Hautes Études, était différent puisqu'il appartenait à la section des sciences philologiques et historiques) : fondée lors de la suppression des facultés d'État de théologie, celle de la Sorbonne en particulier, elle passait pour un repaire de protestants et de rationalistes. Il s'en explique, non sans une pointe d'amertume, avec Mgr Mignot.

Je me réfugie dans l'université comme dans un asile, et nulle puissance au monde ne peut m'imposer l'obligation de mourir de faim ou même celle de ne rien faire. Il y a trois semaines, je ne songeais à rien moins qu'à redevenir professeur ; je ne souhaitais que de continuer paisiblement mes travaux dans les modestes conditions que vous savez. La brutale décision du Cardinal, outre qu'elle me diffame aux yeux de la masse, m'enlève la moitié de mes ressources, puisqu'il me devient impossible d'écrire dans la *Revue du clergé français* et que je ne pouvais décemment continuer à recevoir l'aumône de Son Éminence. Voilà la cinquième fois depuis vingt-et-un ans que je recommence ma carrière. Cela n'a rien de particulièrement récréatif à mon âge et dans mon état de santé, d'autant plus que je ne suis pas comme Talleyrand, qui tombait toujours *plus haut* qu'il n'était avant ses disgrâces[1].

Ses leçons – sur les mythes babyloniens et le premier chapitre de la Genèse, et l'année suivante sur les paraboles de l'Évangile – attirèrent au début un certain nombre d'ecclésiastiques. Parmi eux, un jeune jésuite dont l'amitié allait devenir, comme il l'écrira beaucoup plus tard au terme de leur long compagnonnage, « l'honneur » de sa vie, sa « plus grande récompense »[2].

Le P. Henri Bremond[3] avait alors trente-cinq ans. Originaire d'Aix-en-Provence, orphelin de bonne heure, il était entré à dix-sept ans au noviciat de la Compagnie de Jésus. Celle-ci, à la suite des mesures contre les congrégations, avait dû déplacer ses maisons de formation à l'étranger. Il va donc partager ces années d'apprentissage entre l'enseignement dans les collèges en France et ses études en Angleterre. Si la sécheresse et l'abstraction des cours de théologie le rebutent, il découvre une autre culture – il restera imprégné de littérature et d'abord de poésie anglaises – et un nouvel univers religieux, moins figé, moins monolithique que le français: Newman en premier lieu et le mouvement d'Oxford, mais aussi la *glorious comprehensiveness* de l'Église anglicane, la coexistence en son sein des idées et des sensibilités, la diversité des courants sur ses bords ou dans ses marges, jusqu'aux plus libéraux. Revenu à Aix, en 1897, pour ce « troisième an » qui clôt la longue formation des jésuites, il s'y lie avec le philosophe Maurice Blondel, se proclame son disciple, devient l'un de ses familiers.

1. Lettre du 11 novembre 1900; M. BÉCAMEL, « Lettres de Loisy à Mgr Mignot », *Bulletin de littérature ecclésiastique*, janvier-mars 1966, p. 43.

2. Voir ci-dessous p. 172-175.

3. Sur ces années, le livre de base reste l'ouvrage posthume du P. André BLANCHET, *Henri Bremond 1865-1904*, Aubier, 1975.

Commence dès lors de prendre forme ce qui sera « un des soucis et une des ambitions de [s]a vie », une « enquête sur le sentiment religieux », son authenticité et ses faux-semblants, sa fréquente absence dans les monuments ou les manifestations qui lui semblent consacrés, les lieux inattendus où parfois il se cache. « Cette enquête, avoue-t-il, devient de plus en plus personnelle. C'est moi que je veux éclairer par ce sondage dans tant d'âmes différentes. »

L'aveu apparaît dans une lettre à Friedrich von Hügel du 14 décembre 1899. Ils étaient en effet entrés en rapport par l'intermédiaire de Blondel et s'étaient rencontrés pour la première fois à Lyon, en février de cette même année. De l'événement, Bremond beaucoup plus tard, dans une lettre à Loisy le 8 février 1928, donnera une relation teintée de l'humour que permettent la distance et une certaine évolution de ses sentiments.

Il me fallut le conduire à la vieille église où le vieux Gerson avait catéchisé les enfants. Un quart d'heure de prière – c'était annoncé – pendant lequel je pus constater avec quelle facilité il entrait en « contemplation » – expérience commandée et quasi automatique après laquelle, dès le seuil de l'église, il me dit: Et maintenant, allons chez le pâtissier.

Mais Bremond trouve alors dans le baron « un directeur à la fois spirituel et intellectuel », qui va le faire profiter généreusement de ses amitiés européennes, ouvrant ainsi ses horizons. Autre amitié nouée vers le même temps et qui allait traverser des péripéties dramatiques: ayant lu dans la revue des jésuites anglais, *The Month*, un article qui l'enchanta, il écrivit à son auteur, George Tyrrell[1]. De celuici, Loisy de son côté avait déjà entendu parler par le baron et il va jouer un rôle important dans la suite de cette histoire. Irlandais, converti au catholicisme à dix-huit ans, il

1. On pourra compléter le document fondamental, M. D. PETRE, *Autobiography and Life of George Tyrrell,* 2 vol., Londres, Arnold, 1912, par la biographie récente de Nicholas SAGOVSKY, *"On God's Side". A Life of George Tyrrell,* Oxford, Clarendon Press, 1990.

était entré presque aussitôt (enthousiasmé par le livre de Paul Féval – plus célèbre alors comme auteur du *Bossu* et d'autres romans-feuilletons –, sur *Les Jésuites* !) dans la Compagnie de Jésus. Écrivain spirituel, ses articles, ses livres de méditations – *Nova et Vetera, Hard Sayings, External Religion* – lui avaient conquis une large influence.

Entré, en août 1899, comme rédacteur aux *Études*, Bremond y avait en charge la rubrique littéraire et continuait de publier des articles sur des sujets anglais. Il en réunit quelques-uns dans un premier livre au titre significatif, *L'Inquiétude religieuse* – critique du confort spirituel, des sécurités dogmatiques, apologie discrète sans doute pour sa propre inquiétude, qu'entretenaient les recherches de ses nouveaux amis et les résistances qu'elles rencontraient. Ce n'était pas tout à fait un inconnu pour Loisy, auquel le baron avait chanté ses louanges dans une lettre du 19 mars 1899, alors qu'il venait de faire sa connaissance.

> C'est là encore un des quelques jésuites comme il en faudrait partout, fait à la Tyrrell, mais plus jeune, tout jeune encore, et d'une fraîcheur, d'une ouverture, d'une sympathie et distinction d'esprit et d'âme vraiment rares et charmantes. Il me semble que, de tous les Français que je connais personnellement ou comme écrivains, c'est celui qui a de beaucoup le mieux approfondi l'âme religieuse anglaise.

Bremond de son côté suivait avec sympathie les efforts et les épreuves de l'exégète. Après la condamnation de l'article sur « la religion d'Israël » par le cardinal Richard, il écrivait à Hügel combien il déplorait « le nouveau coup de foudre sur ce pauvre M. Loisy ».

> Quand comprendra-t-on dans ces parages que les coups de crosse ne suffisent plus à faire jaillir la vérité ? [...] Notre ciel en devient très noir. Les jeunes têtes sentent trop que la science est d'un côté, l'intolérance de l'autre et sont prêtes à tout jeter par-dessus bord. Il faut nous attendre à de grandes misères, à des scandales. Car, malheureusement, il y a, dans la découverte scientifique et l'émancipation intellectuelle, une tentation mauvaise d'émancipation du cœur.

Parisien maintenant, il va suivre aux Hautes Études, « avec une attention passionnée », le cours de Loisy sur les Paraboles. « Il n'est aucune de ces conférences dont je ne sois sorti plus croyant, et toute la jeunesse qui était là partageait cette conviction. Il est tellement évident qu'aucune de ces hardiesses ne touche à l'essentiel et que la personne même de Notre-Seigneur gagne à tout ce que les routines et les préjugés perdent[1]. » Approche plus directe, il lui envoie son *Inquiétude religieuse* et Loisy lui adresse en retour ses *Études bibliques*. Ce qui donne à Bremond l'occasion de la première lettre, le 26 mai 1901 – « je ne puis vous dire avec quelle sympathie j'essaie d'entrer, et je crois entrer dans tout ce que vous écrivez » –, d'une correspondance suivie que seule sa mort interrompra. Il traverse déjà cette crise – intellectuelle mais aussi profondément personnelle car elle met en cause l'orientation même de sa vie –, dont nous avons pu percevoir l'écho et « le bon Loisy » représente alors pour lui, comme il l'écrira un peu plus tard à Blondel, « un vrai Noé, et l'Église sera très heureuse d'avoir son arche quand ce déluge sera passé »[2]. Mais, à l'intérieur de la Compagnie, parmi ses supérieurs, de plus en plus on voit d'un mauvais œil ces amitiés compromettantes, l'évolution qu'on devine. Bientôt on l'enverra en exil à Londres, avant de prendre de discrètes mesures pour s'en séparer.

Les nuages cependant s'accumulaient sur la tête de Loisy, des bruits couraient d'une condamnation romaine. Ses fidèles protecteurs se mirent en branle : le baron et l'archevêque d'Albi entreprirent diverses démarches et se retrouvèrent à Rome où ils multiplièrent les contacts. Mgr Mignot était logé à la procure de Saint-Sulpice, dans une chambre occupée peu de temps auparavant par le cardinal Richard ; il y trouva dans un tiroir un exemplaire de la dénonciation appor-

1. Lettre à Hügel, [fin décembre 1901].

2. 23 mai 1904. *Henri Bremond – Maurice Blondel. Correspondance* établie, présentée et annotée par André BLANCHET, Aubier, tome I, 1970, p. 494.

tée par l'archevêque de Paris aux Congrégations romaines. Loisy de son côté écrivit au P. Lepidi, maître du Sacré-Palais, c'est-à-dire théologien « officiel » du pape et secrétaire du Saint-Office, pour justifier sa position. Léon XIII, au cours de l'audience qu'il accorda à Mgr Mignot, lui assura qu'il n'y aurait pas de condamnation de personnes et l'informa qu'il allait instituer une commission internationale pour l'examen de la question biblique en général. « On pouvait attendre, commente Loisy, et on attendit. » Lui-même attendait sans illusions.

La façon dont on m'a traité et dont on me traite encore n'impliquait pas d'autre direction que celle-ci : l'alternative de *me suicider intellectuellement* en fermant les yeux à l'évidence, ce qui n'était pas possible ; ou bien celle de *mentir courageusement* pour sauver ma situation et m'assurer dans l'Église la place honorable à laquelle j'avais droit, ce qui aurait été profondément immoral, quoique non sans exemple peut-être ; ou bien me résigner à l'isolement et à la persécution, *parler selon ma conscience*, avec cette persuasion que l'intérêt de l'Église, s'il réclame qu'on ne scandalise pas l'ignorance, exige non moins impérieusement qu'on ne scandalise pas l'intelligence et la science.

Ici se place un curieux épisode. Le prince Grimaldi, Albert Ier, informe Loisy qu'il a l'intention de l'inscrire, avec son accord, sur la liste des candidats proposés à Rome pour l'évêché, vacant, de Monaco. Son concordat lui donnait en effet le droit, non pas de nomination ni même de désignation, mais de soumettre trois noms dans l'ordre alphabétique, entre lesquels le pape choisissait ou qu'il pouvait refuser en bloc. Savant reconnu (fondateur de l'Institut océanographique), incroyant mais reconnaissant « l'importance sociale de la religion et du ministère ecclésiastique », Albert Ier mettait sans doute quelque malice à présenter « une trinité de suspects » : les deux autres étaient l'abbé Klein, « bouc émissaire de l'américanisme », et un certain abbé Pichot qui avait le tort de croire en l'innocence de Dreyfus. Tout en formulant des réserves sur ses « habitudes érémitiques » et son peu d'aptitude aux fonctions de représentation, Loisy accepta la proposition. Ce consentement peut surprendre. D'autant qu'il ne récusa pas, vers le même temps, un autre projet, plus vague mais en France cette fois, pour l'évêché de Saint-Jean-de-Maurienne. Certes on ne peut dire qu'il mena une campagne active. Mais il semble bien qu'il caressa un moment ces propositions et prit quelques contacts utiles. Ambition, souci tardif de faire carrière ? On vient de le voir, il avait le sentiment d'être acculé dans une impasse. Sans doute n'avait-il nullement l'intention de renoncer à ses travaux, les évêchés en question n'imposant pas de charges trop lourdes et laissant des loisirs. « Il est certain, confie-t-il au baron, que je corrigerais un peu ma façon d'écrire et prendrais facilement la gravité convenable à mon emploi ; mais cela n'atteindrait que le style, et je continuerais mes publications ; je les multiplierais même, car je prendrais un secrétaire et trouverais peut-être moyen d'avoir encore un autre auxiliaire... » Cette dignité lui conférerait, sinon l'immunité, du moins une certaine protection. Elle élargirait son audience, et il a toujours regretté que des personnalités comme Mgr Mignot fussent si rares dans l'épiscopat. Se souvient-il alors de cette exclamation plaisante de Mgr Meignan, archevêque de Tours, à l'issue d'une partie de billard avec un curé : « Et dire, mon bon ami, que nous sommes les successeurs des apôtres ! » L'évêque en effet, et non le simple clerc, on l'a rappelé, appartient à l'*Ecclesia docens*, à l'Église enseignante, il possède l'autorité du *docteur* qui fait défaut au théologien ou à l'exégète. Sans aller jusqu'à qualifier de « pastoral » le projet que poursuit Loisy, il n'a pas encore renoncé à son rêve d'une réforme du régime – au moins du régime intellectuel – de l'Église romaine. Toujours est-il que, comme on pouvait s'y attendre, les candidatures échouèrent. Rome rejeta la liste du prince Albert Ier, qui la reproposa vainement. Quant à la proposition française, il n'en fut plus question.

Les circonstances d'ailleurs vont l'orienter dans une tout autre direction. En mai de cette année 1902 venait de paraître, sous le titre *L'Essence du christianisme*, la traduction de *Das Wesen des Christentums*, recueil de conférences prononcées, pendant l'hiver 1899-1900, devant les étudiants de Berlin par Adolf Harnack. Spécialiste incontesté de l'ancienne littérature chrétienne, auteur d'une monumentale histoire des dogmes, celui-ci était un personnage en vue (Guillaume II lui conféra par la suite la noblesse héréditaire), professeur d'histoire de l'Église et recteur de l'université de Berlin, figure de proue du protestantisme libéral. « L'essence du christianisme, résumera Loisy (puisque c'est sa lecture du livre qui nous intéresse ici), consiste uniquement dans la foi au Dieu Père, que Jésus a révélé[1]. » Quant au royaume des cieux, il est « en nous », a dit le Christ, c'est un royaume tout intérieur, qu'ouvrent la rémission des péchés et la réconciliation avec le Père. Toute l'histoire ultérieure du christianisme doit être appréciée à l'aune de ces principes. Quand la ferveur première de l'enthousiasme fut retombée, vers la fin du IIe siècle, la lutte contre les sectes et l'hérésie « a forcé l'Église à exprimer sa doctrine, son culte et sa discipline dans des formes et des lois fixes et à exclure quiconque ne s'y soumettait pas ». Dans ce processus de durcissement, « la médiocrité fonda l'autorité ». Tendance qui s'est développée dans le catholicisme, entretenant l'illusion « qu'on possède l'essence d'une religion quand on possède des formules exactes ». Luther, en ramenant la religion chrétienne à la foi en la miséricorde divine, opéra un rappel salutaire du pur message, mais le protestantisme orthodoxe n'échappa pas à la tentation « catholicisante » de fixer les dogmes et les rites. Il faut donc revenir à l'*essence*, « rejetant comme un vêtement les pensées et les formes qui, un certain temps, avaient été tenues pour saintes ».

À l'origine de *L'Évangile et l'Église* il y eut certes le désir de reprendre la publication, par fragments, de son « catéchisme », le livre inédit, qu'avait bloquée la condamnation par le cardinal Richard de « la religion d'Israël ». Mais, en septembre 1901, il estime encore que « le moment n'est pas opportun ». La traduction de *L'Essence du*

1. *L'Évangile et l'Église*, p. VIII.

Christianisme, qu'il a lu dans l'original allemand, lui offre une « belle occasion ».

J'ai bien l'intention de *dévisser* Harnack, en montrant que sa théorie de la connaissance du Dieu Père, essence du christianisme et fondement de la conscience messianique, ne repose sur rien du tout. L'essence du christianisme, d'après l'Évangile, ne peut être que l'idée du royaume et l'idée du royaume ce n'est pas *la foi au Père,* c'est *l'espérance* prochaine de la *justice et du bonheur parfait.* Quant à la conscience filiale je ne vois pas qu'elle signifie autre chose que la conscience messianique. Mais la connaissance du Dieu Père ne constitue pas le caractère unique de cette filiation dans le Christ; Jésus, dans son enseignement authentique, ne prétend pas révéler le Dieu Père ni l'avoir connu le premier; ce qui le fait Fils en un sens qui n'est vrai que de lui, c'est sa mission. Il me paraît donc que le christianisme individualiste de Harnack est tout autre chose que l'essence de l'Évangile. L'essence du christianisme est une *espérance collective*, non une expérience intime *interne* et personnelle; et le Christ historique n'est pas le propulseur de cette expérience, il est le garant de la grande espérance et l'agent de sa réalisation. Son rôle est *social*, virtuellement universel, *catholique* comme le royaume[1].

« Belle occasion » en effet de se démarquer du protestantisme, de la critique libérale allemande dont on l'accuse de s'inspirer, et cela en faisant œuvre d'apologète, en montrant que la tradition catholique n'a pas défiguré le message évangélique, mais qu'elle l'a sauvegardé et développé selon la nécessité des temps: thème conducteur, on s'en souvient, des *Essais* inédits. Si d'abord il « hésite un peu », cette hésitation est de courte durée: le livre est « écrit d'avance », il en avait tous les matériaux et le manuscrit est prêt pour l'impression deux mois après, début août. À ce moment, il s'interroge sur l'opportunité d'une publication et n'en parle qu'à Mgr Mignot. Celui-ci d'abord pense que, dans l'intérêt de leur « cause », « mieux vaut ajourner » à l'année suivante. Mais il accepte de lire le manuscrit, ce qu'il ne peut

1. Lettre du 11 mai 1902 à Mgr Mignot, *Bulletin de littérature ecclésiastique*, avril-juin 1966, p. 111.

faire qu'en septembre. Lecture faite, le 17, il a changé d'avis : le livre placera son auteur « au premier rang des critiques chrétiens ». « Vous n'avez encore écrit rien d'aussi complet et d'aussi objectif : c'est vous dire que j'en suis fort satisfait et que je regretterais vivement que cette étude, qui est tout autre chose qu'une réfutation de Harnack, ne fût pas publiée. » Ainsi encouragé, Loisy décide l'impression et, début novembre, paraît chez l'éditeur Picard, en même temps que de savantes *Études évangéliques*, le premier des « petits livres rouges » – présentation (une couverture d'un rouge orangé) qu'il adoptera désormais pour ses ouvrages destinés à un public plus large que celui des spécialistes : quatorze autres suivront, jusqu'en 1937. Ce premier tirage était modeste : 1 500 exemplaires.

L'ouvrage de Harnack, prévient l'introduction, se donne comme historique, c'est donc sur ce plan qu'il doit être examiné. Il ne s'agira que d'histoire : non pas de démontrer « la vérité de l'Évangile ni celle du christianisme catholique », mais seulement « d'analyser et de définir le rapport qui les unit dans l'histoire ». La seule démarche légitime en l'occurrence, ce n'est pas d'évacuer de l'*essence* « ce que l'on est porté maintenant à juger incertain ou inacceptable ». « Si des traits communs se sont conservés et développés depuis l'origine jusqu'à notre temps dans l'Église, ce sont ces traits qui constituent l'essence du christianisme. » Mais on ne saurait les figer, et dissocier conservation et développement, alors que Harnack semble craindre « que son essence ne fût gâtée s'il y introduisait l'idée de vie, de mouvement et de développement ». Il conçoit le christianisme « comme un fruit mûr, ou plutôt avarié, qu'il faut peler pour arriver jusqu'au noyau incorruptible » alors que c'est la semence de la parabole du sénevé.

Dans cette perspective, Loisy intervertit l'ordre des éléments du message évangélique selon Harnack. « Le royaume des cieux » est premier et c'est à partir de lui qu'il faut comprendre « le Fils de Dieu ». Le chapitre initial donc (dans cette première édition ; dès la suivante, il sera précédé par une présentation des « sources évangéliques » :

nous y reviendrons) souligne que la prédication de Jésus, au début de son ministère, se résume en ces mots : « Faites pénitence, parce que le royaume des cieux est proche » (Matthieu 4, 17).

Ces paroles pourraient aussi bien représenter, en abrégé, tout l'enseignement du Sauveur en Galilée et à Jérusalem. Elles expriment la nécessité d'une conversion morale, d'un changement intérieur, de la rémission des péchés, mais en vue du royaume prêt à venir, c'est-à-dire en vue de la perspective eschatologique, le règne qui approche étant celui que Jean-Baptiste avait annoncé avant Jésus. L'idée dominante est visiblement celle du royaume qui vient, et la pénitence a sa signification par rapport au royaume, en tant qu'elle est la condition indispensable pour y être admis[1].

L'*essence* de l'Évangile est d'abord dans cette « grande espérance » – espérance collective en un avenir qui verra « le renouvellement du monde, la restauration de l'humanité dans la justice et le bonheur universels ». Espérance objective aussi, non pas dans un royaume purement intérieur et déjà présent dans l'intimité du cœur, mais dans ce grand avènement prochain. Elle s'inscrit dans la tradition juive, elle « accomplit la Loi et les Prophètes ».

À la lumière de cette tradition, la discussion critique des textes évangéliques permet d'apercevoir « ce que Jésus croyait être et a déclaré qu'il était ». Ce royaume, il avait conscience de n'en être pas seulement le messager, le prophète, mais le chef prédestiné, le Messie.

En un sens, Jésus était le Messie et, en un autre sens, il ne l'était pas encore. Il l'était, en tant qu'appelé personnellement à régir la nouvelle Jérusalem. Il ne l'était pas encore, puisque la nouvelle Jérusalem n'existait pas encore, et que le pouvoir messianique n'avait pas lieu de s'exercer. Jésus avait donc devant lui la perspective de son propre avènement[2].

1. *L'Évangile et l'Église*, p. 37.
2. *Ibid.*, p. 85.

C'est à ce titre, « dans la mesure où il s'avoue Messie », qu'il peut se dire Fils, et Fils unique, de Dieu. C'est aussi pour cela qu'il a été condamné. « Il est donc mort comme Messie, tout plein de l'idée de ce royaume dont il pensait amener l'accomplissement et où il comptait revenir dans la gloire messianique. »

L'espérance du royaume était donc, dans l'Évangile, une idée simple ou pour mieux dire, eu égard à la foi, une réalité simple. Elle apparaît maintenant, à l'historien croyant, comme le symbole concret, rudimentaire et indistinct, de ce qui advint ensuite: la foi à la résurrection du Christ, à sa présence invisible et permanente au milieu des siens, à sa glorification éternelle; le progrès indéfini de l'Évangile dans le monde; la régénération de l'humanité par le christianisme; l'anticipation du royaume des cieux dans l'Église. Au point de vue de la foi, c'était le pressentiment certain de ce que l'on voit aujourd'hui, et aussi de ce que l'on ne voit pas, puisque l'aspect que présente le règne de Dieu, contemplé de l'éternité, la façon dont se règle, derrière le rideau de ce monde, le compte de la justice et de la bonté divines, échappent à l'expérience[1].

Consacré à « l'Église », le chapitre suivant constituait le point fort de la défense de la tradition catholique contre Harnack. On le ramène souvent à la formule-choc: « Jésus annonçait le Royaume, et c'est l'Église qui est venue », sans citer la suite qui l'éclaire.

Elle est venue en élargissant la forme de l'Évangile, qui était impossible à garder telle quelle, dès que le ministère de Jésus eut été clos par la passion. Il n'est aucune institution sur la terre et dans l'histoire des hommes dont on ne puisse contester la légitimité et la valeur si l'on pose en principe que rien n'a droit d'être que dans son état originel. Ce principe est contraire à la loi de la vie, laquelle est un mouvement et un effort perpétuel d'adaptation à des conditions perpétuellement variables et nouvelles. Le christianisme n'a pas échappé à cette loi, et il ne faut pas le blâmer de s'y être soumis. Il ne pouvait pas faire autrement[2].

1. *L'Évangile et l'Église*, p. 108.
2. *Ibid.*, p. 153-154.

De la prédication du Christ, elle a respecté l'idée fondamentale, la dimension eschatologique de l'espérance, que ne peut réaliser définitivement aucune institution terrestre. « Jésus et l'Église ont les yeux levés vers le même symbole d'espérance, et l'Église observe, vis-à-vis du royaume céleste, la même attitude que Jésus. »

Il faut lire aussi le chapitre suivant, sur « le dogme chrétien », en ne perdant pas de vue qu'il s'agit d'une réplique à Harnack. Celui-ci condamnait en bloc le travail de la pensée chrétienne comme étranger à l'Évangile. Les théologiens, « préoccupés du caractère absolu que le dogme tient de sa source », s'exposent en effet à cette critique, puisqu'ils se refusent à prendre en compte « la loi de progrès qui, depuis l'origine, gouverne l'histoire du christianisme ». Il faut donc rendre à la conception du dogme sa souplesse, sa capacité d'adaptation : « un changement considérable dans l'état de la science peut rendre nécessaire une interprétation nouvelle des anciennes formules qui, conçues dans une autre atmosphère intellectuelle, ne se trouvent plus dire tout ce qu'il faudrait, ou ne le disent pas comme il conviendrait ». L'important est de dégager la « signification proprement religieuse et chrétienne » qui peut se concilier avec « d'autres vues sur la constitution du monde et la nature des choses ».

L'Église n'exige pas la foi à ses formules comme à l'expression adéquate de la vérité absolue, mais elle les présente comme l'expression la moins imparfaite qui soit moralement possible ; elle demande qu'on les respecte selon leur qualité, qu'on y cherche la foi, qu'on s'en serve pour la transmettre ; le formulaire ecclésiastique est l'auxiliaire de la foi, la ligne directrice de la pensée religieuse ; il ne peut pas être l'objet intégral de cette pensée, vu que cet objet est Dieu même, le Christ et son œuvre ; chacun s'approprie l'objet comme il peut, avec le secours du formulaire[1].

Un dernier chapitre sur « le culte catholique » indiquait que les sacrements, comme l'Église et les dogmes, procè-

1. *Ibid.*, p. 216.

dent « de Jésus et de l'Évangile comme des réalités vivantes, non comme des institutions expressément définies ». Leur efficacité ne doit pas être conçue de façon matérielle, mécanique. « Ce sont des signes appropriés à leur destination, comme les mots peuvent être l'expression de la pensée ; ce sont des signes divins parce qu'ils sont religieux ; ce sont des signes chrétiens parce qu'ils procèdent du Christ. »

Loisy savait qu'il prenait des risques, il apercevait bien les trois points délicats : « la manière d'entendre la divinité du Christ, le genre d'autorité qui appartient à l'Église, la nature de l'action divine dans les sacrements ». Il pouvait cependant espérer que les lecteurs seraient sensibles surtout à la défense et à l'illustration de la tradition catholique. Certes, les réactions des amis les plus proches allèrent dans ce sens. « Ceux qui ne vous ont jamais lu et ne vous connaissent que par vos adversaires, lui écrivait Mgr Mignot, seront surpris, s'ils vous comprennent, de trouver en vous un défenseur de leur foi. » Voilà, s'exclamait Bremond, « la seule façon de comprendre les choses ; il faudra bien qu'ils y viennent ; mais nous ne verrons pas cela ». Et Tyrrell : « Votre œuvre est trop profondément enracinée dans l'intelligence et la sympathie publiques pour être extirpée par quelque tempête que ce soit d'opposition ecclésiastique. » Le baron manifestait plus d'enthousiasme encore : « C'est tout simplement superbe. Jamais vous n'avez rien fait de plus fort, de plus beau » et de plus difficile à condamner « car cela se montrera la seule réponse efficace faite à Harnack ». Mais, beaucoup plus balancé, le sentiment de Mgr Duchesne allait se révéler prémonitoire : vous avez, lui écrivait-il, « absolument raison contre Harnack », mais « vous êtes tellement en avant de nous que nous serions encore capables de ne pas vous comprendre. Souhaitez-le, car c'est la seule chance que vous ayez d'échapper aux destinées diverses de Giordano Bruno, mon voisin de bronze », c'est-à-dire aux procès des inquisiteurs et finalement au bûcher. On l'aura remarqué, à l'exception de Hügel, toujours optimiste, ils se rejoignent au moins sur un souci. Loisy ne va-t-il pas s'exposer à des « tempêtes », à être mal compris – ou trop bien ?

Bientôt d'ailleurs, il est informé que court le bruit d'une mise à l'Index et qu'une offensive se prépare contre lui. Il propose à Mgr Mignot l'argumentaire d'une lettre que celui-ci pourrait écrire au cardinal Rampolla, Secrétaire d'État, pour « exposer à cette Éminence l'état de la situation ». Lecture du livre par son auteur qui ne dévoile pas sans doute toute sa pensée d'alors, mais traduit du moins l'*économie* du projet, ce qui, espérait-il, pouvait passer sans trop de dommages et permettre de franchir une étape.

Comme quoi vous avez appris que l'on veut créer quelque agitation autour d'un livre pour lequel l'auteur lui-même et ses amis ne font aucune réclame et qu'ils laissent au jugement des personnes compétentes ; que l'auteur l'a écrit simplement parce qu'il était navré de la façon pitoyable dont nos théologiens répondaient à Harnack ; qu'il a voulu réfuter ce protestant, dont le livre faisait grande impression sur beaucoup de personnes instruites, sans qu'on eût l'air de s'en inquiéter ; qu'il s'est placé sur le terrain de l'histoire où Harnack prétendait se mettre ; qu'il a combattu Harnack en lui opposant une vue historique du développement chrétien, et non un système théologique ou philosophique ; que, vu les chances qu'il avait d'être mal compris par des personnes prévenues contre lui, il était presque résolu à ne pas publier son travail, et que c'est sur votre conseil formel, donné pour de telles raisons, qu'il a cru pouvoir le faire imprimer ; que, par conséquent, les circonstances morales de la publication ne laissent rien à désirer ; que l'effet sur les protestants, autant qu'on le connaît déjà, est considérable, plus grand qu'on n'aurait pu s'y attendre (lettres de personnages anglais, allemands, à M. de Hügel) ; que, dans l'Église même, beaucoup d'ecclésiastiques et de laïques y ont trouvé la paix et non le trouble de la conscience ; que ce n'est pas l'auteur, mais les problèmes qu'il touche, et qu'il n'a pas inventés, qui peuvent donner de l'inquiétude aux âmes ; que son livre représente un effort pour donner à ces problèmes une réponse satisfaisante, et que, si son œuvre a les imperfections de toute œuvre humaine, quiconque a des vues plus justes et plus complètes est libre de les faire valoir ; un blâme public infligé à l'auteur n'avancerait aucunement les questions et ne contribuerait pas à la pacification des esprits[1].

Il va voir bientôt surgir trois types de contestation[2]. La plus redoutable, dans l'immédiat, vient de l'autorité ecclésiastique. Le cardinal Richard, qui le tient désormais à l'œil, a demandé, dès la parution du livre, un rapport à un jésuite, exégète très conservateur, le P. Brucker. Le 17 janvier 1903, une ordonnance de l'archevêque de Paris « réprouve » l'ouvrage et en interdit la lecture au clergé et aux fidèles du diocèse ; la semaine suivante, sept évêques adhèrent à la condamnation. Loisy se résigne à envoyer, le 3 février, une lettre de soumission. Geste qu'il expliquera, rétrospectivement, par le souci de ne pas abandonner « sur le champ de bataille » tous ceux qui le suivaient avec bienveillance : « il me restait donc à témoigner de mon respect extérieur pour des jugements auxquels je n'avais pas la moindre envie de sacrifier, si peu que ce fût, la liberté de mon esprit et de ma conscience. »

Les cris d'alarme de la presse intransigeante – *L'Univers, La Vérité française* – ne le surprirent pas et le laissèrent assez indifférent. « Il avait, écrit-il du plus véhément de ses contradicteurs, l'abbé Gayraud, l'esprit naturellement et théologiquement brutal, mais ce ne devait pas être un mauvais homme. » Moins attendues, les réserves, de plus en plus marquées, d'un autre côté.

Maurice Blondel, après *L'Action* (1893) et la *Lettre sur les exigences de la pensée contemporaine en matière d'apologétique* (1896), avait été vivement attaqué par les théologiens traditionalistes et il put craindre un moment les foudres de l'Index. Par l'intermédiaire toujours de l'indispensable

1. Lettre du 21 décembre 1902 ; M. Bécamel, « Lettres de Loisy à Mgr Mignot », *Bulletin de littérature ecclésiastique*, juillet-septembre 1966, p. 176.

2. C'est sur cet épisode et ses séquelles qu'est centrée la *Crise moderniste*... d'É. Poulat, à laquelle on renverra pour une analyse fouillée et documentée.

baron von Hügel, il était entré en relation avec Loisy. Celui-ci lui écrivait, le 25 février 1897 : « Nous sommes des novateurs. Votre philosophie peut s'entendre avec mon exégèse. » Vœu imprudent. La lecture de *L'Évangile et l'Église* laissa Blondel partagé. Certes, dans beaucoup de développements, il ne trouve que « banalités » pour lui, des « idées qui forment l'atmosphère habituelle » de sa pensée ; ainsi « la notion de croissance organique, le sentiment de ces transformations qui modifient la lettre sans changer l'esprit » comme « la conviction des exigences vitales dont s'est instinctivement inspirée l'Église pour être à chaque moment de son histoire ce qu'il fallait qu'elle fût pour subsister ». Mais il bute sur deux points fondamentaux. La prétention, d'abord, « de séparer systématiquement le point de vue historique, en pareille matière, de tout ce qui est métaphysique ou théologique » lui paraît insoutenable. Plus contestable encore la préoccupation « d'assujettir le Christ même aux contingences locales et temporelles ». Il va jusqu'à soupçonner « une christologie occulte chez l'abbé Loisy, une christologie qui laisserait le Christ lui-même ignorant, comme l'Église, de ce qu'il prépare et de ce qu'il récoltera ». Un long débat épistolaire, échange de « mémoires » volumineux, va s'engager entre Loisy et lui, puis avec le baron qui vole à la rescousse. Sans entrer dans ses méandres techniques, il faut bien dire qu'il tourne au dialogue de sourds, à un conflit de mentalités trop différentes pour pouvoir s'entendre. Restent ouvertes les deux questions fondamentales : les rapports entre le dogme et la critique, la théologie et l'histoire ; la conscience (et la science) humaine du Christ. Nous les retrouverons quand le débat surgira en public.

Mais déjà Loisy songeait à la contre-offensive. Devant les premiers feux de la critique, Mgr Mignot lui avait suggéré une réédition du livre munie de notes pour répondre aux objections des théologiens. Mais il ne veut pas « gâter » ainsi cette seconde édition qui comportera un chapitre complémentaire, au début, sur « les sources évangéliques » et un paragraphe additionnel, dans « Le Fils de Dieu », sur le Royaume. On peut penser que de simples notes ne lui laisseraient pas l'espace pour s'expliquer avec les nuances nécessaires. Aussi, dès le 4 janvier 1903, avant donc l'annonce de la condamnation, a-t-il l'idée d'une brochure qui s'intitulerait *Autour d'un petit livre*. Elle aborderait les points litigieux. Pour ne citer que les principaux : le petit livre compromet-il la divinité de Jésus-Christ, l'autorité de l'Église, celle des dogmes, la doctrine de l'Église sur les sacrements ? Mignot l'encourage vivement dans cette voie. Loisy est d'ailleurs persuadé que le cardinal Richard l'a condamné « à l'instigation de Rome » et considère « comme acquise la condamnation romaine ». Autrement dit, pointe le sentiment qu'il n'a plus grand-chose à perdre, qu'il convient donc de donner au nouveau livre un ton alerte, sinon piquant, pour capter l'attention publique. Choix d'ailleurs périlleux. Au moment de ses premières difficultés, un de ses amis italiens, le P. Genocchi, l'en avait averti au terme d'un « long colloque avec l'un des membres les plus éclairés et érudits – *rara avis* – du Saint-Office » : « il m'a dit qu'il n'y aurait pas grand mal dans vos écrits s'ils étaient dans une langue moins connue que le français ; qu'il ne fallait pas vulgariser certaines choses dont le *profanum vulgus* ne peut qu'abuser. Il me demandait enfin de vous conseiller en ami d'écrire vos livres en latin et de mettre vos thèses en syllogismes. »

Loisy donc pensa un moment présenter le livre sous forme de dialogues. Mais, en mars, il s'était décidé pour une série de lettres : sur les neuf, puis onze envisagées, il en retiendra finalement sept, chacune adressée à un destinataire qui n'est désigné que par son titre et sa fonction (mais la correspondance et les *Mémoires* permettent de l'identifier précisément). I : À un curé-doyen (l'abbé Ludot, qui avait été son professeur de philosophie au grand séminaire de Châlons), sur l'origine et l'objet du petit livre. II : À un cardinal (Perraud, évêque d'Autun et académicien), sur la question biblique. III : À un évêque (Le Camus, évêque de La Rochelle, qui venait de critiquer *L'Évangile et l'Église* dans une brochure intitulée *Vraie et fausse exégèse*), sur la critique des évangiles. IV : À un archevêque (Mgr Mignot lui-même), sur la divinité de Jésus-Christ. V : À un apologète catholique (l'abbé Klein), sur la fondation et l'autorité de l'Église. VI: À un jeune savant (son ancien élève, l'assyriologue François Thureau-Dangin), sur l'origine et l'autorité des dogmes. VII: À un supérieur de séminaire (M. Monier, sulpicien, supérieur du séminaire des Carmes et son confesseur), sur l'institution des sacrements. En avril, il informe Hügel et Mgr Mignot que le livre est prêt. Comme pour le précédent, il en a emprunté l'essentiel de la substance aux *Essais* inédits. Mais la forme épistolaire lui permet de la moduler en fonction du destinataire: adversaires déclarés qui ont asséné leurs critiques dans le débat public (Perraud, Le Camus) ou amis qui ont souhaité des éclaircissements (Mignot, Monier). Le livre parut début octobre, en même temps que la seconde édition de *L'Évangile et l'Église* et deux ouvrages plus techniques, *Le Quatrième Évangile* et un recueil d'articles, *Le Discours sur la montagne*.

L'avant-propos donnait le ton, sur plusieurs registres. Il décochait au passage quelques traits acérés, avouant « ne posséder point, dans le chétif répertoire de ses connaissances, l'idée de science approuvée par les supérieurs » ou regrettant que le savant catholique ait l'air « d'être un enfant tenu en lisière et qui ne peut faire un pas en avant sans être battu par sa nourrice ». Il administrait une leçon de méthode, en distinguant nettement les plans. Le « petit livre » proposait un « essai de construction historique » et non « un système de doctrine théologique »; il se bornait à « exposer l'état et la signification des témoignages », on ne pouvait lui chercher chicane sur ce qu'il laissait délibérément de côté et qui était matière de foi: inspiration et interprétation dogmatique de l'Écriture, science infaillible du Christ et son rapport avec la Divinité, réalité de la Résurrection, institution divine de l'Église et des sacrements. Il trouvait des accents pathétiques pour dénoncer le « sort terrible » du prêtre « appelé à étudier et à pratiquer scientifiquement l'exégèse biblique si ce prêtre avait l'esprit ouvert et la parole sincère ». Pour répondre enfin à l'accusation de « troubler les consciences », il insistait sur son souci de répondre au contraire à une

« inquiétude » qui allait grandissant à mesure que progressaient les sciences de l'univers et la connaissance de l'histoire, de combler le fossé entre une tradition apparemment figée et les exigences de la conscience moderne. « On a écrit *L'Évangile et l'Église* afin d'expliquer comment le principe catholique, en vertu de son inépuisable fécondité, peut s'adapter à toutes les formes du progrès humain. Mais l'adaptation, dans le passé, ne s'est jamais faite sans effort. Il en sera de même dans l'avenir. »

De ce deuxième « petit livre rouge », on ne retiendra que les points déjà évoqués à propos de *L'Évangile et l'Église*, ceux sur lesquels Loisy, nous l'avons vu, se savait particulièrement exposé. Le plus délicat, sans doute, concernait Jésus, la conscience qu'il avait de sa mission et, en dernier ressort, la façon d'entendre sa divinité. Dans la quatrième lettre, se rendant au « conseil » de Mgr Mignot qui estime qu'une explication est « opportune maintenant », il commence par se rapporter à saint Paul pour distinguer le Jésus de l'histoire et le Christ de la foi. « Comme Jésus ne marchait pas sur la terre dans l'appareil de sa divinité, je n'ai pu, parlant en historien, anticiper dans l'Évangile toute la gloire de l'avenir. Je n'avais qu'à interroger les témoignages les plus certains concernant l'action et l'enseignement du Sauveur[1]. » Ces témoignages montrent que Jésus « a vécu sur la terre dans la conscience de son humanité, et il a parlé selon cette conscience ; il a vécu dans la conscience de sa vocation messianique et il a enseigné selon la conscience qu'il avait de cette vocation ».

Ses discours, sa conduite, l'attitude de ses disciples et celle de ses ennemis, tout montre que le Christ était homme parmi les hommes, « en tout semblable à eux, sauf le péché » [He 2, 17 ; 4, 15], sauf encore, doit-on ajouter, le mystère intime et indéfinissable de son rapport avec Dieu. Ce rapport se traduisait dans l'idée de Messie, et cette idée, dans l'Évangile, était comme un secret qui devait être manifesté par l'avènement du royaume

1. *Autour...*, p. 112.

céleste. Les disciples avaient cru à ce mystère ; par sa résurrection, Jésus devint pour eux « le Seigneur ». Les adversaires de Jésus rejetèrent la proposition de cette foi, et la masse des Juifs suivit ses chefs dans leur incrédulité. Ainsi la question sur laquelle se divisèrent la majorité d'Israël et la minorité qui se rallia à la foi de Jésus ne fut pas : « Jésus de Nazareth est-il Dieu ? » mais : « Jésus de Nazareth est-il le Messie ? » La divinité de Jésus est un dogme qui a grandi dans la conscience chrétienne, mais qui n'avait pas été expressément formulé dans l'Évangile ; il existait seulement en germe dans la notion de Messie fils de Dieu[1].

Ce dogme s'est formé dans « un effort continu de la foi pour saisir plus parfaitement un objet qui la dépasse ». Les éléments essentiels en étaient déjà présents chez les écrivains du Nouveau Testament, mais l'élaboration dut être poursuivie par le travail de la pensée chrétienne dans les premiers siècles. Elle s'opéra à travers quatre épreuves successives. La mort ignominieuse de Jésus d'abord, surmontée par la foi à la résurrection « qui, dès l'abord, fut la foi à la vie immortelle du Crucifié bien plus qu'au fait initial qui est suggéré à notre esprit par le mot de résurrection ». Puis la prédication de la foi nouvelle au monde païen, pour lequel le Messie, annoncé par les prophètes et libérateur d'Israël, ne représentait rien. C'est Paul qui donna à la figure de Jésus sa portée universelle, le Sauveur des hommes, dont la mort expiatrice réconcilie avec Dieu l'humanité entière. La foi se heurta ensuite à la spéculation judéo-alexandrine qui avait emprunté aux philosophes grecs leur conception de Dieu éternel et de l'économie de l'univers. Ainsi l'auteur du quatrième évangile identifie-t-il Jésus au Logos, au Verbe divin. Enfin, à travers les controverses christologiques, l'aiguillon des hérésies, les débats laborieux des conciles du IVe et du Ve siècle, on parvint à coordonner le système. Ainsi la divinité de Jésus n'est pas, au sens strict, un fait de l'histoire, mais une croyance « dont l'historien ne peut que constater l'origine et le développement ». Rien, dans ce constat, qui puisse troubler l'âme croyante : « Le Christ historique, dans l'humilité

1. *Ibid.*, p. 116-117.

de son *service*, est assez grand pour justifier la christologie, et la christologie n'a pas besoin d'avoir été enseignée expressément par Jésus pour être vraie[1]. »

Quant à la « science illimitée du Christ » qui aurait « pénétré tout le secret des choses passées et futures, tout ce que Dieu lui-même connaît », c'est une thèse théologique, qu'ignorent les évangiles et qui ne paraît même pas assurée dans la tradition patristique. Est-elle même « compatible avec les conditions de l'existence présente, de la vie morale et du mérite humain » ? La conclusion de la lettre élargissait d'ailleurs le problème. Ce travail de la pensée chrétienne n'est pas clos. Les formulations traditionnelles reposent sur des notions liées à un état maintenant dépassé de la culture commune. « Le Christ est Dieu pour la foi. Mais les gens nous demandent maintenant de leur expliquer Dieu et le Christ, parce que nos définitions sont conçues en partie dans une autre langue que la leur. Une traduction s'impose. Ainsi entendu, le problème christologique est encore actuel[2]. »

De la même façon, on ne démontrera pas par l'histoire – des déclarations formelles et authentiques du Christ se référant à l'organisation ecclésiastique, à son gouvernement, au culte – l'institution divine de l'Église, qui est objet de foi. Ce que montre l'histoire, c'est que l'Église *continue* l'Évangile. Le Christ n'a pas parlé de l'Église, mais du Royaume des cieux. Mais « l'idée du Royaume renfermait le germe de l'Église » et celle-ci, parce qu'elle continue l'Évangile et le ministère de Jésus, est « fondée sur les plus claires intentions du Christ ». C'est bien en celles-ci que réside le principe, dans les deux sens du terme, de l'institution de l'Église et de son autorité. Le principe, mais non son application, sa réalisation, qui a évolué en suivant l'évolution de la société. « Il n'est pas étonnant que l'Église à laquelle préside le pape Pie X se gouverne autrement que la première communauté de Jérusalem[3]. » Cette évolution doit se poursuivre. « Le

1. *Autour...*, p. 136.
2. *Ibid.*, p. 155.
3. *Ibid.*, p. 177.

temps est venu où l'Église, ayant fait tout le possible pour garantir son autorité, devra songer à garantir aussi efficacement le droit du simple chrétien, à se préoccuper de ce qu'elle lui doit, de ce qu'elle doit à l'humanité[1]. »

Il faut aborder dans le même esprit le problème des dogmes, en ne confondant pas, à propos de la connaissance du donné révélé, l'objet de cette connaissance, en soi éternel et immuable, et la forme qu'elle a prise à travers l'histoire, forme toujours conditionnée, relative et perfectible. « Dieu fait son œuvre dans l'humanité. Il se révèle à celle-ci selon la capacité de la nature humaine, l'évolution de la foi ne pouvant manquer d'être coordonnée à l'évolution intellectuelle et morale de l'homme[2]. » S'il y a bien un sens immuable des dogmes, il ne réside pas dans la lettre des formules, ni dans les interprétations diverses des théologiens, mais dans ce fond « impossible à exprimer en langage humain par une définition adéquate à son objet et suffisante pour les siècles des siècles ». À ce titre, la formule ecclésiastique n'est pas la vérité absolue, mais elle en est le symbole, « la meilleure et la plus sûre expression » tant que l'Église n'a pas décidé de l'adapter. Tout au contraire de la position protestante, représentée en particulier par Harnack, qui cherche à extraire de l'Évangile une substance immuable, pour le catholicisme « la vraie règle de foi doit être vivante comme la foi elle-même : c'est la révélation chrétienne actuellement interprétée par l'Église catholique et reçue dans la conscience de ses enfants ». Cette nature vivante de la tradition ecclésiale devrait permettre d'apaiser le conflit de la science et de la foi. Apaisement qui a été longtemps, qui est encore freiné par une certaine conception de la théologie, qui se comporte « comme si elle possédait en elle-même une science de la nature et une science de l'histoire » et s'arroge le droit « d'exercer un contrôle direct et absolu sur tout le travail de l'esprit humain » alors que la science est « pour toujours et tout entière émancipée ».

1. *Ibid.*, p. 185.
2. *Ibid.*, p. 195.

Après tout, l'accord de la foi et de la science est toujours à réaliser; il ne se fait point par décrets de l'autorité, mais il s'accomplit et se perfectionne peu à peu par la bonne volonté des croyants qui étudient, des savants qui croient. Chacun l'opère pour soi, et du travail commun résulte un état général de l'esprit catholique dont on peut dire qu'il est l'attitude de l'Église même à l'égard de la science. Espérons que cette attitude se fera de plus en plus franche et loyale, non hostile ni décourageante. La vraie vérité n'a qu'un intérêt, qui est la vérité même[1].

La dernière lettre, sur l'institution des sacrements, était au jugement de Loisy « la moins originale au fond », mais ce fut pourtant « celle qui froissa le plus les théologiens orthodoxes » (et qui plus tard, au moment de la condamnation, fournit le plus grand nombre de propositions visées), et il en donne une explication peu charitable: c'était « celle qui se trouvait la plus intelligible pour eux ». Il reconnaissait certes que les sacrements avaient des points d'attache dans le Nouveau Testament, qu'on pouvait donc dire que, comme l'Église, ils avaient été « fondés par le Christ ressuscité », mais montrait que ne résistait pas à la critique historique « la conception systématique d'un programme cultuel dressé par Jésus lui-même avant sa passion, et où les sept sacrements auraient eu leur place déterminée, avec indication de ce que la théologie scolastique a voulu appeler leur matière et leur forme »[2].

1. *Autour...*, p. 219.
2. *Ibid.*, p. 254.

4

LES ANNÉES NOIRES

Dans le même temps s'était produit un événement important. Le 20 juillet 1903, Léon XIII s'éteignait à quatre-vingt treize ans, au terme d'un long règne ; lui succédait, le 4 août, le patriarche de Venise, Giuseppe Sarto, qui prit le nom de Pie X. Le nouveau pontife, après avoir lu *L'Évangile et l'Église,* aurait déclaré : « Voilà au moins un livre de théologie qui n'est pas ennuyeux. » Mais le grand écrivain italien Antonio Fogazzaro, qui le connaissait, écrivait à Bremond : « Je crois qu'après l'élection du nouveau pape le courant est encore plus contre nos idées religieuses. Pie X est un bon curé, mais un esprit fermé à toute modernité, un traditionaliste immobile dans ses formules de la foi, qui ne comprend ni ne veut comprendre l'importance de la critique historique ni de toute autre critique. C'est un intransigeant aux manières aimables et c'est son langage simple et débonnaire qui trompe le monde sur son compte[1]. » Pie X prit comme Secrétaire d'État, en l'élevant au cardinalat, le jeune – il n'avait que trente-huit ans – secrétaire du conclave, Raffaele Merry del Val : fils de l'ambassadeur d'Espagne à Londres, il était né et avait été élevé en Angleterre où Friedrich von Hügel l'avait connu tout enfant ; mais le baron ne se faisait pas « la moindre illusion » sur sa mentalité.

1. Lettre du 14 octobre 1903, dans Antonio FOGAZZARO et Henri BREMOND, *Carteggio (1903-1910)*, éd. Federica Ranzato Santin, Vicence, Accademia Olimpica, 2000.

Dans l'immédiat, ce changement au sommet eut sans doute peu d'influence sur le cours des événements. Le cardinal Richard avait chargé M. Letourneau, curé de Saint-Sulpice, et un jésuite, le P. Bouvier, d'examiner les deux petits livres. Ils rédigèrent un rapport qui énumérait une copieuse série de propositions censurables. Le cardinal porta, à la fin d'octobre, le mémoire à Rome et s'y « remua extraordinairement pour un homme de son âge » ; après son retour, il continua ses interventions auprès du Saint-Office, mobilisant pour sa campagne d'autres évêques. Mgr Mignot et Hügel tentèrent vainement quelques démarches en sens contraire. Le 16 décembre, le Saint-Office inscrivait cinq ouvrages de Loisy, dont les deux « petits livres rouges », au catalogue de l'Index. Le décret fut approuvé par le pape le 17, transmis à l'archevêque de Paris le 19 et communiqué par lui aux curés de Paris le 30, accompagné d'une lettre de Merry del Val qui le commentait.

Après quelques jours de réflexion, Loisy décida de court-circuiter le cardinal de Paris et envoya directement à Merry del Val, le 11 janvier 1904, une lettre de soumission « entièrement dépourvue d'onction mystique ».

Je reçois avec respect le jugement des SS. Congrégations, et je condamne moi-même dans mes écrits ce qui peut s'y trouver de répréhensible.

Je dois néanmoins ajouter que mon adhésion à la sentence des SS. Congrégations est d'ordre purement disciplinaire. Je réserve le droit de ma conscience et je n'entends pas, en m'inclinant devant le jugement rendu par la S. Congrégation du Saint-Office, abandonner ni rétracter les opinions que j'ai émises en qualité d'historien et d'exégète critique. Ce n'est pas que j'attache à ces opinions une certitude que ne comporte pas leur caractère ; comme je n'ai pas cessé de les compléter et de les corriger selon mon pouvoir pendant de longues années de travail, je suis assuré qu'elles seront complétées et corrigées, par moi-même ou par d'autres, dans l'avenir. Mais, en l'état présent de mes connaissances et jusqu'à information plus ample et plus solide, elles sont la seule forme sous laquelle je puisse me représenter l'histoire des Livres saints et celle de la religion.

Merry del Val apprécia peu, on s'en doute, et une nouvelle lettre « extrêmement violente », toujours par l'intermédiaire de l'archevêque de Paris, exigea une « rétractation immédiate, sans aucune réserve », ce à quoi le cardinal Richard ajouta l'abandon des cours aux Hautes Études et la retraite dans une maison religieuse. Loisy tenta de trouver une formule plus acceptable, qui ne l'obligerait pas à se renier. Il écrivit de nouveau à Merry del Val, expliquant qu'il aurait « manqué au devoir de sincérité » s'il n'avait réservé ses opinions d'historien et d'exégète, mais qu'il acceptait « tous les dogmes de l'Église » – « et si, en exposant leur histoire dans les livres qui viennent d'être condamnés, j'ai, sans le vouloir, émis des opinions contraires à la foi, j'ai dit et je répète que je condamne moi-même, dans ces livres, ce qui, au point de vue de la foi, peut s'y trouver de répréhensible ». Peine perdue: Merry del Val charge Richard d'une seconde monition, « préliminaire à l'excommunication publique ».

Loisy est alors persuadé que l'excommunication va venir, inévitable. Il prépare une longue lettre au cardinal Richard, qui se conclut ainsi: « Je reste uni de cœur à l'Église catholique, et je ne rétracte pas les engagements de mon sacerdoce. Je ne proteste pas contre la sentence qui me frappe et j'attends avec confiance le jugement de Dieu. » Mais brusquement se produit ce qu'il qualifiera de « capitulation ». Il l'explique par l'épuisement de ses forces physiques et morales, la préoccupation des conséquences de sa condamnation pour ceux qui l'ont suivi, encouragé, défendu. « J'étais las du tapage qui se faisait autour de moi, j'éprouvais un immense besoin de solitude et de repos. Je ne me dissimulais pas, j'étais plutôt enclin à m'exagérer l'échec présent de la tentative que j'avais faite pour émanciper la pensée catholique. » Sur des conseils amicaux, il se décide à tenter d'éviter l'excommunication en écrivant, le 28 février, directement au pape: « Je veux vivre et mourir dans la communion de l'Église catholique. Je ne veux pas contribuer à la ruine de la foi dans mon pays. Il n'est pas en mon pouvoir de détruire en moi-même le résultat de mes travaux.

Autant qu'il est en moi, je me soumets au jugement porté contre mes écrits par la Congrégation du Saint-Office. » Il s'engage également à abandonner son enseignement et à suspendre ses publications scientifiques. Mais, le 12 mars, le cardinal Richard lui communique la réponse de Pie X. Une phrase va le blesser au plus profond: « Il fait appel à mon cœur; mais cette lettre, il ne l'a pas écrite avec cœur. » Le pape par ailleurs affirmait que, pour garantir la sincérité de ses déclarations, il était « absolument nécessaire que, confessant ses propres erreurs, il se soumette, pleinement et sans restriction, au jugement prononcé par le Saint-Office contre ses écrits ». Après une entrevue orageuse avec le cardinal Richard et quelques jours d'hésitation, il se résigna à lui envoyer, le 12 mars, la formule suivante: « Je déclare à Votre Éminence que, par esprit d'obéissance envers le Saint-Siège, je condamne les erreurs que la Congrégation du Saint-Office a condamnées dans mes écrits. » Le cardinal trouva la lettre « un peu sèche », mais on n'en parla plus.

Sans paradoxe, on peut dater de ce geste le moment réel de la rupture. « Je me suis donné en ce monde bien de la peine pour rien. J'ai pris ma vie et l'Église au sérieux: cela fait que j'ai perdu l'une et troublé l'autre. » Il se désolidarise désormais du sort futur, non de la religion, mais du catholicisme. « Ce que sera la religion de l'avenir, je l'ignore. Le catholicisme romain, comme tel, est destiné à périr, et il ne méritera pas de regrets. Il pourrait durer en se transformant, mais il ne veut pas. » Quant à son sort personnel, il constate qu'il reste dans l'Église « pour des raisons qui ne sont pas de la foi, mais d'opportunité [morale] » et qu'il faudrait peu de chose pour qu'il ne puisse continuer son « métier de prêtre ». Ses notes intimes, jusque-là, n'allaient pas si loin. Prise de conscience soudaine, retour, sous le choc de l'événement, du refoulé? Lui-même se l'explique un peu autrement: « Je ne crois pas à ce que l'Église enseigne, et l'Église n'est pas disposée à enseigner ce que je crois. »

Pour l'heure, tout se passe comme s'il voulait se faire oublier. Il démissionne des Hautes Études et, dans les années suivantes, ne publiera que quelques articles techniques dans la *Revue d'histoire et de littérature religieuses.* Ses amis Thureau-Dangin lui ont ménagé à Garnay, dans l'Eure, à quelques kilomètres de Dreux, près du parc de leur château, un « ermitage »: une petite maison rénovée pour l'occasion, avec un jardin dont il prend grand soin. « Vous n'imaginez pas, écrit-il à Hügel le 27 août, un mois après son installation, combien je suis heureux ici. Ce matin, j'ai mis en terre des semences que j'étais allé chercher hier à Dreux. Les navets, les radis, les salades que j'ai plantés il y a une dizaine de jours sortent de terre et allongent leurs feuilles. Le diable et les théologiens seront bien malins s'ils m'empêchent de terminer mes jours ici. » Il est très fier également de sa basse-cour, où il élève « des poules de La Flèche, superbes en leur robe noire ». À Mgr Mignot, il confiera qu'il les a appelées Istar, Belit, Tasmit et Carpanit, divinités du panthéon babylonien. « Istar a huit poussins parmi lesquels je choisirai le coq Marduk. Un mauvais esprit l'appellerait Merry del Val, mais je n'y songe même pas. » Quand Ernesto Buonaiuti, qui allait devenir « la figure la plus marquante et la plus étonnante du modernisme italien[1] », vint lui rendre visite, à son étonnement et à son scandale Loisy s'étendit surtout sur les mérites de ses poules. Souci sans doute de « tourner la page », de refuser d'aborder des problèmes – ceux du régime intellectuel dans l'Église – auquel il se voulait désormais étranger. Mais, dans ses goûts et ses activités, il restera toujours un paysan, attaché aux travaux de la terre que lui permettaient ses forces.

Une retraite donc, mais dans tous les sens du terme, et il y poursuit sa réflexion religieuse. Il reste fidèle aux thèmes centraux des livres contestés. Le progrès religieux, axe de l'histoire de l'humanité, « procède réellement » de Jésus et de l'Évangile, à condition de les considérer comme des « points de départ » et non comme la réalisation accomplie de l'idéal. Le protestantisme, quels que soient ses mérites historiques, incline à une religion individualiste, à considé-

1. Formule d'É. POULAT, dans la notice qu'il lui consacre à la fin de *Loisy, sa vie...*

rer la foi comme une expérience personnelle et méconnaît « le caractère social de l'être humain » qu'a su respecter le catholicisme. Mais vient aussi infléchir cette réflexion l'actualité politique. Préoccupation nouvelle puisqu'il semblait jusqu'ici absorbé uniquement par le problème religieux ? Il aborde justement le politique par la religion : le centre de sa réflexion, c'est la situation de l'Église dans le monde moderne, en France en premier lieu, et cette situation a une dimension politique et sociale. L'avant-propos d'*Autour d'un petit livre* soulignait d'ailleurs que tout était lié, que la réforme intellectuelle, l'ouverture de l'enseignement ecclésiastique à la conception du monde et de l'histoire produite par le travail scientifique des derniers siècles constituaient un préalable pour que le catholicisme, dans l'ordre politique comme dans l'ordre social, ne soit pas « un parti réactionnaire, voué à un affaiblissement incurable et à une ruine fatale ». Les événements de 1905-1906 liés à la Séparation vont donc contribuer à « effacer les derniers vestiges du profond attachement » qu'il avait voué à l'Église.

L'incompatibilité d'humeur entre l'Église et la République n'avait fait que s'aggraver et l'on s'acheminait vers la rupture du Concordat, la Séparation. Celle-ci fut votée à la fin de 1905, au terme de débats passionnés, avec de sensibles aménagements au projet primitif, très rigoureux, présenté par Combes : les édifices nécessaires à l'exercice du culte – églises, presbytères, séminaires – devaient être confiés à des « associations cultuelles » élues par les fidèles. La majorité des évêques penchait pour accepter l'accommodement, mais, dans deux encycliques successives, Pie X condamna solennellement le principe de la séparation de l'Église et de l'État et la solution des cultuelles. Malgré les formules transactionnelles proposées à plusieurs reprises par l'assemblée plénière de l'épiscopat et une démarche de notables laïcs, les « cardinaux verts » (ils comptaient parmi eux beaucoup d'académiciens), le pape resta inflexible. Après les troubles, parfois sanglants, provoqués par les *inventaires* des biens des églises, le gouvernement se résigna à laisser celles-ci à la disposition du clergé, considéré comme un « occupant sans titre », et à l'exercice du culte. Loisy estima que le pape avait imposé au clergé français une « attitude insurrectionnelle » et il en fut révolté. Il écrivait par exemple à Hügel, après la condamnation des cultuelles :

> Non seulement je tiens pour dangereuse et insensée l'attitude que prend le catholicisme officiel, mais je pense qu'il y a crime, ni plus ni moins, à créer une agitation d'où peut sortir la guerre civile, quand nul intérêt de conscience n'est réellement en jeu, mais seulement un intérêt romain, politique, purement humain. – Chacun suit sa logique ; Pie X suit sa logique, celle de l'ancien Syllabus, et la France suit sa logique de laïcisation sociale. Je puis de moins en moins m'empêcher de penser que cette dernière logique sert, contre l'Église absolutiste, un intérêt de l'humanité.

Ainsi restait-il dans l'ombre ; mais il se savait guetté et n'ignorait pas que les quelques articles savants qu'il écrivait encore étaient scrutés avec suspicion. La crise cependant se propageait. Il n'en était ni l'origine ni la cause, le conflit, qu'il avait éprouvé si durement, entre l'enseignement traditionnel et le développement des sciences de la nature et de l'histoire, le sentiment de l'urgence d'un attitude nouvelle de l'Église, de réformes dans ce domaine et dans d'autres, étaient déjà répandus, et pas seulement en France : l'Italie et l'Angleterre, en particulier, s'agitaient. Mais les deux petits livres avaient servi, en quelque sorte, de catalyseur. Malgré qu'il en eût, la crise restait liée à son nom et on parlera bientôt de *loisysme*, pour et surtout contre.

Par crainte de voir confondue leur approche prudente, qui voulait concilier recherche historique et scrupuleuse fidélité doctrinale, avec des positions qu'ils jugeaient téméraires, certains avaient manifesté très tôt le souci de se démarquer : ainsi à l'Institut catholique de Toulouse autour de Mgr Battifol, ou le P. Lagrange dans la *Revue biblique*. Mais, parce qu'il appartenait à ce réseau d'amitiés et d'échanges intellectuels qu'avait tissé Hügel, Loisy fut sans doute plus sensible à la réaction de Maurice Blondel. On a fait allusion au débat épistolaire qu'ils avaient entretenu. Le philosophe craignait qu'on interprétât « la doctrine de *L'Action* dans le sens des doctrines de *L'Évangile et l'Église* ». Il se décida donc à une prise de position publique et fit paraître, en trois livraisons du 16 janvier au 16 février 1904 (aux lendemains de la condamnation), dans *La Quinzaine*, périodique dirigé par le catholique libéral Georges Fonsegrive, une longue étude intitulée « Histoire et dogme. Les lacunes philosophiques de l'exégèse moderne ».

Selon une démarche qui lui était familière, il rejetait deux solutions extrêmes, également lacunaires, « incomplètes et incompatibles », avant de proposer sa propre solution. L'*extrinsécisme* d'abord: par ce que lui-même reconnaissait comme un néologisme barbare, il désignait le dogmatisme de certains théologiens traditionnels qui ne demandaient aux faits historiques que de servir de véhicule à la démonstration apologétique, à l'histoire d'illustrer simplement la foi. Il passait d'ailleurs rapidement sur cette première partie: 6 pages, alors qu'il en réservait 35 à la suivante, qui critiquait l'*historicisme*. Loisy n'y était pas désigné nommément, mais c'était bien lui, à l'évidence, qui était visé. L'historicisme soumet le dogme à l'histoire parce qu'il repose d'abord sur une confusion, « de l'histoire-réalité à l'histoire-science », en posant en postulat implicite que l'historien étreint la réalité vécue, y compris dans sa dimension spirituelle. Il substitue ainsi « le fait à l'acteur, le témoignage au témoin, le portrait à l'être agissant » – et, en l'occurrence, au Christ réel ce qu'en ont rapporté les premiers témoignages. Il évacue du même coup des problèmes fondamentaux. « Est-ce de ce que le Christ a été et est encore, de ce qu'il a voulu et prévu, de ce qu'il opère en même temps que de ce qu'il enseigne, que procède le christianisme ? » Nous ne disposons que de données sur « *la conscience qu'ont eue de sa conscience* des hommes simples »; a-t-on le droit d'en conclure qu'il n'a pas eu la pleine conscience de sa divinité et la claire vision de l'avenir? « On attendait la Parousie; c'est l'Église qui est venue » (remarquons au passage la citation quasi textuelle); mais cette Église n'est-elle qu'une « espérance de joie retournée » ou la réalisation progressive d'une *économie*, d'une pédagogie divine pour atteindre le

Christ réel ? « Peut-être donc que, si l'on ne s'est pas lassé d'attendre le Christ glorieux, c'est qu'on aimait le Christ plus que sa gloire, et c'est qu'il restait présent dans l'Église persécutée autant et plus que s'il lui avait apparu soudain dans les nuées. » Dans la dernière partie enfin, Blondel trouvait l'intermédiaire entre le dogme et l'histoire dans le « rôle vital » de la Tradition. Mais une Tradition qui n'a pas ce caractère d'invention, de création continue que les *historicistes* (= Loisy) attribuent au développement dogmatique. « Même ce qu'elle *découvre*, elle a l'humble sentiment de le *retrouver* fidèlement. Elle n'a rien à innover, parce qu'elle possède son Dieu et son tout ; mais elle a sans cesse à nous apprendre du nouveau, parce qu'elle fait passer quelque chose de l'implicite vécu à l'explicite connu. »

Loisy n'apprécia guère, mais se tut. Hügel, qui déjà le défendait sur plusieurs fronts, dès qu'il fut informé de la publication des articles et avant même d'avoir pu en prendre connaissance, avertit Blondel, « en ami dévoué et loyal », qu'il méditait une réponse. Celle-ci paraîtra, toujours dans *La Quinzaine*, le 1er juin, sous le titre « Du Christ éternel et de nos christologies successives ». Le baron pensait profondément, mais écrivait pesamment, dans les diverses langues qu'il pratiquait ; Bremond se chargea donc de donner une allure plus « française » à sa prose. Situation pour lui inconfortable, pris qu'il était dans un conflit d'amitiés : il travaillait en somme contre celui qu'il s'était donné pour maître – et il s'en expliqua avec quelque embarras dans leur correspondance – mais il se sentait bien dans cette affaire du côté de Hügel et de Loisy. Le titre de l'article en indique assez bien le thème conducteur. Il exprime d'entrée le désarroi de l'auteur devant cette division dans l'avant-garde de la pensée catholique : « un vieil ami, longtemps compagnon de route, se refuse à vous suivre… » Mais le débat n'est pas vain, il fait apparaître des difficultés bien réelles. « Plus le conflit aura été aigu, plus le frottement douloureux, plus l'unification difficile, et plus aussi la victoire sera complète et profonde. » L'historien s'attache au portrait de Jésus que nous donnent les synoptiques, le Messie qui annonce le Royaume ;

le croyant au Christ du quatrième évangile, le Verbe éternel. « Quand nous voulons nous figurer le Christ même pendant les années de sa vie mortelle, nous lui prêtons, comme nécessairement, les traits du Christ éternel qui nous a parlé au cœur. » Il y a donc deux plans : la connaissance, établie par la critique, des faits de la vie terrestre de Jésus ; la méditation du croyant sur le mystère du Christ céleste. Loisy a voulu s'en tenir au strict plan de l'histoire, sans prétendre en dégager le sens spirituel. Blondel, en voulant unifier « par le plus court », ne distingue pas « Jésus terrestre et le Christ céleste ». C'est ainsi qu'il veut que Jésus ait eu une « connaissance continue, directe et explicite de sa pleine divinité » et la plénitude des connaissances humaines jusqu'à la fin des temps, en paraissant oublier que « ce profond mystère échappe à nos puissances et à nos méthodes de raisonnement ». Et Hügel terminait sur des propos iréniques.

J'espère de toute mon âme que le dissentiment n'est qu'à la surface ; que mes deux amis, celui de Bellevue et celui d'Aix, le critique et le philosophe, que nous tous qui, chacun de notre façon, voulons travailler pour et avec l'Église, nous essaierons de respecter chaque jour davantage les droits respectifs de ces deux éléments divers qui doivent et se combiner et s'harmoniser dans l'unité de toute vie spirituelle. Entre les deux, il y a conflit apparent et, de part et d'autre, tendance à absorber l'autre, à le soumettre, en lui enlevant son autonomie nécessaire. Il ne faut pas cela, il faut, au contraire, une émulation, une stimulation, une interprétation réciproques.

Le débat se prolongea, avec notamment l'intervention d'un ami de Blondel, l'abbé Wehrlé, sans aboutir à cette conciliation qu'espérait le baron.

Dans l'entourage de Loisy, certains connaissaient de sérieux ennuis. Cas exemplaire, entre quelques autres, celui d'Albert Houtin[1]. C'était un prêtre du diocèse d'Angers, né

1. HOUTIN a laissé deux volumes autobiographiques : *Une vie de prêtre. Mon expérience (1867-1912)*, Rieder, 1912 ; *Mon expérience II. Ma vie laïque (1912-1926)*, Rieder, 1928 (le second volume posthume et avec une série de témoignages).

en 1867, professeur de petit séminaire, qui s'était d'abord intéressé à l'histoire locale. Étudiant les origines de l'Église d'Angers, il avait été conduit à mettre en doute l'existence d'un de ses premiers évêques, saint René ; il élargissait en même temps son enquête à *La Controverse sur l'apostolicité des Églises de France au* XIXe *siècle*, c'est-à-dire la pieuse tradition selon laquelle les plus vénérables de ces Églises auraient été fondées par la première génération des apôtres, à la suite de Lazare le ressuscité débarqué à Marseille avec ses sœurs. Ce qui lui valut des démêlés avec son évêque : en 1901, il dut quitter le diocèse et vint s'installer à Paris où il fut quelque temps « prêtre habitué » à Saint-Sulpice. Fervent lecteur de la *Revue d'histoire et de littérature religieuses*, il prit contact avec Loisy. Il avait dès lors en projet une *Histoire de la question biblique au* XIXe *siècle*. Publié en mars 1902, le livre fut presque aussitôt condamné par l'évêque d'Angers et le cardinal Richard ; à la fin de l'année suivante, par une association flatteuse aux yeux de l'auteur, il fut inscrit à l'Index dans le même décret que les ouvrages de Loisy. Par conséquent, Houtin avait perdu son emploi à Saint-Sulpice et n'obtint de poste dans aucun diocèse. L'évêque de Tarentaise, Mgr Lacroix, l'employa quelques mois comme secrétaire, sous un pseudonyme. Il collaborait à divers journaux, en particulier *Le Siècle*, comme chroniqueur religieux. Il réunit articles et chroniques en volumes, *La Crise du clergé, Évêques et diocèses* ; comme ses autres livres de la même époque, *L'Américanisme, La Question biblique au* XXe *siècle*, ils relèvent de ce que nous appellerions aujourd'hui « l'histoire immédiate », une histoire bien informée mais qui ne dédaignait pas toujours les ragots. À cette époque, sa « foi dogmatique dans l'Église s'était dissipée » : « j'avais vérifié trop de vieilles légendes, de textes bibliques et patristiques pour ne pas conclure que les contresens, les interpolations et même les faux sont la source des dogmes. » Mais il s'estimait rattaché encore, par sa sensibilité, à « la tradition chrétienne et catholique » et se définissait comme un « théiste catholicisant ». Leur correspondance en témoigne, il rendait service, dans le domaine pratique, à Loisy et le tenait minutieusement au courant des nouvelles politiques et des péripéties de la vie ecclésiastique. Celui-ci cependant garda toujours ses distances et appréciait peu une tournure d'esprit qu'il jugeait « scolastique » : « Il n'avait qu'une conception statique et atomistique de la vérité ; le dynamisme des choses et des idées lui échappait. On aurait pu croire qu'en fait de couleurs, il ne connaissait que le noir et le blanc ; en fait d'hommes, que les sincères et les fourbes, que les croyants et les incrédules ; en fait de théories de la religion, que le fidéisme et le rationalisme. » De fait, si l'honnêteté intellectuelle de Houtin, l'austérité de sa vie sont indéniables, c'était un esprit tout d'une pièce, pénétré d'une conception quasi manichéenne de la vérité historique – à sa façon, une image inversée de l'*extrinséciste* selon Blondel. De proche en proche et jusqu'à la rupture, le système catholique va lui apparaître comme « l'organisation du pieux mensonge ».

Henri Bremond, de son côté, traversait une phase difficile. Au terme de son exil londonien, il avait été exclu, le 6 février 1904, de la Compagnie de Jésus. Les amitiés suspectes, les sympathies qu'on lui connaissait avaient pesé lourd dans la mesure mais, pour éviter tout scandale, par souci sans doute aussi de ménager ses deux frères jésuites, on donna à cette exclusion l'apparence d'une séparation à l'amiable et, incardiné à son diocèse d'origine, Aix-en-Provence, il fut laissé libre de poursuivre ses travaux littéraires. Non sans quelque péril : ses études sur Newman – des recueils de textes et un « essai de biographie psychologique » – reçurent de la Congrégation de l'Index un « sévère avertissement », gardé secret pour ne pas paraître porter atteinte à la mémoire du cardinal. Années pour lui d'errance, à tous égards : il voyage beaucoup, suit avec passion les péripéties de la crise religieuse, cherche sa voie propre. Mais surtout, depuis plusieurs années déjà, il vit une profonde crise personnelle, passe par des périodes de « dégoût profond, dégoût pour cette somme de conventions, soif de liberté... », s'interroge sur sa vocation ; il est sur le point de mettre en question son sacerdoce. Parmi les rares intimes auxquels il confie ses doutes, le plus cher, le plus proche, George Tyrrell, va l'entraîner dans un autre drame.

Celui qu'on donnait pour « le plus brillant, le plus saint et le plus laid des jésuites anglais » avait connu d'abord des difficultés pour des raisons qui n'avaient pas grand-chose à voir avec l'exégèse ou l'histoire des dogmes : un article où il dénonçait « une dévotion pervertie », le réalisme des prédications sur les flammes matérielles de l'enfer, fut dénoncé à Rome et on lui interdit tout ministère auprès des hommes (on lui laissait les femmes…). Il eut dès lors le sentiment de faire l'objet d'une méfiance systématique : « Même le *Pater*, s'il était de mon écriture, ne pourrait franchir les murs d'airain de la censure. » Pour exprimer en toute liberté sa pensée, il eut souvent recours à des publications hors commerce *(« for private circulation only »)*, signées de pseudonymes. Le titre de l'une d'elles, attribuée à un certain « Dr Ernest Engels », en exprime bien l'orientation : *Religion as Factor of Life*, la religion est d'abord un principe de vie, l'élément central n'en est pas la théologie ni la morale, mais la prière entendue comme l'attitude intime de l'âme devant Dieu. Comme son ami Bremond, il entretenait des rapports cordiaux avec Hügel, Loisy, Blondel, acceptait de confiance leurs analyses dans les domaines qui étaient les leurs, partageait leur exigence d'une pleine liberté pour la recherche loyale, mais ses préoccupations profondes étaient d'ordre spirituel. La brochure qui allait déclencher le drame les exprimait, en février 1904, avec une certaine véhémence. Elle était toujours attribuée au Dr Engels, disparu entre-temps, mais qui, sur son lit de mort, aurait écrit une « lettre à un professeur d'anthropologie dans une université du Continent » (c'était le titre). Cet ami lui avait fait part des doutes qui, comme pour tant de contemporains, minaient sa foi. Mais, lui répondait-il, la foi ne se confond pas avec l'orthodoxie théologique, l'adhésion à un système dogmatique. « Le Catholicisme est en premier lieu une vie, l'Église un organisme spirituel à la vie duquel nous participons, et la théologie n'est qu'une tentative de cette vie pour se formuler et se comprendre elle-même – une tentative qui peut échouer totalement ou en partie sans affecter la valeur et la réalité de ladite vie. » Distribuée sous le manteau, la lettre passa d'abord inaperçue. Mais, le 1er janvier 1906, le journal milanais *Corriere della sera* publia, à l'insu de l'auteur, la traduction de passages significatifs avec une présentation qui les attribuait à « un jésuite anglais ». L'affaire fit grand bruit. Sommé de désavouer ce texte, Tyrrell s'y refusa et il fut exclu de la Compagnie de Jésus le 1er février. Aucun évêque n'acceptant de l'incardiner dans son diocèse (Mgr Mercier, archevêque de Malines, engagea des pourparlers, mais Rome posa comme condition que Tyrrell soumît à censure préalable non seulement ses écrits, mais sa correspondance privée), il resta désormais privé de ses pouvoirs sacerdotaux ; Bremond se constitua son « Antigone », voyageant avec lui, l'accueillant dans la maison familiale, contrôlant la traduction française de ses écrits et y mettant lui-même la main. Rentré en Angleterre, Tyrrell s'installa à Storrington (Sussex), dans un petit pavillon de la propriété de son amie Maude Petre. Un recueil d'essais qu'il publia en 1907, *De Charybde en Scylla*, synthétise ses idées maîtresses. Le progrès religieux, qui n'est lui-même qu'un aspect du « grand progrès historique de la civilisation et du développement religieux de l'humanité », s'épanouit dans le catholicisme, parce que celui-ci est la résultante des deux forces antagonistes de ce progrès humain, l'une, seule vraiment créatrice, « de sauvage luxuriance, d'expansion spontanée », alors que l'autre n'est qu'un « principe d'ordre, de contrainte, d'unification ». La révélation entendue en son sens le plus large, de contact avec le divin, n'est pas un monopole du christianisme, mais une forme essentielle de l'expérience religieuse commune à l'humanité, « l'expression dans l'homme de l'esprit divin », sans être nécessairement « une expression divine de cet esprit ». Il y a bien cependant une Révélation, excellente et spécifique, régulatrice, « manifestation la plus parfaite » de l'Esprit, celle qui est née « du contact immédiat avec le Christ ». Si cette Révélation reste « immuable » en son fond, « la théologie est aussi variable que l'intelligence et les connaissances de l'homme » : elle n'est jamais qu'un discours qui s'épuise à rendre compte d'une réalité. Elle tombe dans le *théologisme* quand elle prend la Révélation « comme un exposé » et non « comme une expérience ». Ainsi quand elle traite comme des concepts ayant une « valeur théologique directe » les termes par lesquels les évangélistes et saint Paul présentent le Christ : Messie, Logos, second Adam... Ces termes essayaient d'exprimer, avec l'outillage mental dont disposaient leurs auteurs, le caractère de l'expérience, celle-ci seule, « considérée comme un fait et une réalité concrète, constituant la Révélation proprement dite ».

On aura peut-être mesuré, en même temps que les harmoniques dans les idées, la différence des expériences religieuses avec Loisy. Celui-ci avait confié à son journal, le 27 novembre 1905 : « Je ne crois pas devoir rompre moi-même le lien qui me rattache à l'Église. Mais, si l'Église le détruit, j'en serai très heureux. » Le *celebret* qui lui avait été accordé en 1899, lors de son installation à Bellevue, arrivait à expiration. Les tergiversations administratives auxquelles se heurta sa demande de renouvellement constituaient un refus déguisé. Le 1er novembre 1906, il célébra sa dernière messe, « vingt-sept ans et quatre mois après la première ». Une nouvelle crise de santé, qui le conduisit aux portes de la mort, l'incita à quitter son « ermitage » de Garnay et à retourner au pays natal. Il trouva une maison à Ceffonds, à côté de Montier-en-Der, où résidait sa sœur, et s'y installa en avril 1907. Répondant, au début de cette même année, à un professeur de grand séminaire qui l'avait interrogé sur ses positions religieuses, il déclarait que « l'effort constant de l'humanité vers un idéal toujours plus élevé de savoir, de justice et de bonheur ne peut se réduire à une illusion. C'est la poussée même de l'être vers une fin qui lui est essentielle. Il y a là *quelque chose.* » Mais il émettait des réserves « sur tous les symboles où Dieu apparaît en *grand individu* », la notion de personnalité n'étant qu'un anthropomorphisme déguisé. « L'esprit de l'Évangile est la plus haute manifestation de la conscience humaine cherchant le bonheur dans la justice. À ce titre, l'Évangile est une révélation qui ne passera pas. J'ajoute que ce n'est rien qui ressemble à une institution divine, dont le Maître de l'univers, incarné en Jésus, aurait lui-même réglé tous les détails. » « Poèmes métaphysiques », les dogmes ont eu le mérite historique de « garder l'idéal chrétien », mais, quand ils se prétendent « définition scientifique de la religion », ils se retrouvent « arriérés dans le temps présent ». Aujourd'hui, le catholicisme « n'a pas d'autre alternative que de se transformer pour vivre, ou de se rétrécir en une secte de plus en plus fermée, pour mourir ».

L'horizon décidément s'assombrissait. Dès le 18 avril 1906, Blondel avait écrit à Bremond : « Nous voici donc en pleine Terreur noire, à la veille d'un second Syllabus, sous la férule permanente. » Signé par le pape le 4 juillet 1907, publié le 17, le décret *Lamentabili sane exitu* énonçait et condamnait soixante-cinq propositions « sur les sciences sacrées, sur l'interprétation des saintes Écritures, sur les principaux mystères de la foi ». Il ne comportait pas d'indication de provenance, mais la majeure partie (plus des quatre cinquièmes) était empruntée aux œuvres de Loisy : le décret se fondait, entre autres, sur la liste élaborée quelques années auparavant par le P. Bouvier et M. Letourneau à la demande du cardinal Richard. Acte plus solennel encore, le 8 septembre était publiée l'encyclique *Pascendi dominici gregis* : elle dénonçait, en consacrant officiellement son nom, la nouvelle hérésie, le *modernisme.* « Elle en définissait le système et, en même temps, dans une très large mesure, elle l'inventait, ce système, tel qu'elle l'avait représenté, n'ayant été enseigné par personne. »

Sur ce point au moins, les historiens aujourd'hui[1] s'accordent avec Loisy : ce monstre polymorphe n'a jamais existé concrètement tel quel ; l'encyclique en compose, à partir de

1. Le point est particulièrement mis en valeur dans le livre de Pierre COLIN, *L'Audace et le Soupçon. La crise du modernisme dans le catholicisme français 1893-1914*, Desclée de Brouwer, 1997 ; voir en particulier le chapitre 7, au titre significatif : « L'invention du modernisme dans l'encyclique *Pascendi* ».

traits empruntés çà et là, une sorte d'image virtuelle. Mais elle se proposait précisément de présenter des doctrines fragmentées « sous une seule vue et de montrer le lien logique qui les rattache entre elles ». En préambule, un cri d'alarme : les ennemis les plus redoutables de l'Église se cachent en son sein, et d'autant plus redoutables qu'ils donnent le change par « une assiduité et une ardeur singulières à tous les genres d'études, des mœurs recommandables d'ordinaire par leur sévérité ». L'analyse du « système » en dégageait les fondements philosophiques – agnosticisme, immanentisme, foi aveugle en l'évolution, la certitude religieuse éprouvée dans l'expérience individuelle – et leurs conséquences pour la théologie, l'histoire, la critique des Livres saints, l'apologétique, et dans tous ces domaines la « manie réformatrice ». Bref, c'est le « rendez-vous [terme de la traduction officielle ; le mot latin, *collectum*, est plus imagé et plus fort] de toutes les hérésies » ; ces diverses routes conduisent à l'anéantissement de la religion : « le premier pas fut fait par le protestantisme ; le second est fait par le modernisme ; le prochain précipitera dans l'athéisme. » Les causes de cet égarement sont d'ordre moral – curiosité et orgueil – et intellectuel – ignorance de la philosophie scolastique, mépris de l'autorité de la tradition et du magistère ecclésiastique. Quant aux remèdes, ils se résument en une consigne : *vigilance* – dans la surveillance des études cléricales, le choix des maîtres (et l'exclusion de tous les suspects), vigilance sur les livres, les périodiques, les congrès, régime rigoureux de la censure préalable et constitution de commissions dans chaque diocèse pour en contrôler l'observation.

5

« VITANDUS »

George Tyrrell fut le premier à réagir publiquement, avec l'impétuosité de son tempérament. Le 26 septembre, le *Giornale d'Italia* publiait une lettre où il suggérait que le pape avait l'esprit trop simple pour saisir les développements théologiques de l'encyclique (ce qui signifiait qu'on lui avait fait signer un texte qu'il ne comprenait pas). Maladresse qui choqua ses amis italiens aussi bien que Hügel et que lui-même regretta aussitôt. Le 30 septembre et le 1er octobre, il donna au *Times* deux articles de ton plus serein mais qui ne cédaient rien sur le fond. « Quand l'encyclique essaie de montrer au moderniste qu'il n'est pas catholique, elle réussit surtout à lui montrer qu'il n'est pas scolastique – ce que nous savions déjà. » Nouvel article, le 10 octobre, dans *La Grande Revue*, sous un titre prémonitoire, « L'Excommunication salutaire ». Son histoire est curieuse : il était daté du 18 mai 1904 (date marquante pour lui, anniversaire de son admission dans l'Église romaine, le 18 mai 1879) et avait été écrit, mais non publié, en prévision de l'excommunication dont Loisy était alors menacé. Le 22 octobre, l'évêque de Southwark, dont il dépendait, informait Tyrrell que, le pape consulté, il était exclu des sacrements. Excommunication « à l'anglaise », discrète, qui gardait en quelque sorte une forme privée pour ne pas heurter une opinion plus chatouilleuse à cet égard que dans les pays latins.

Loisy avait estimé dès le départ que les jeux étaient faits. Après une première lecture de l'encyclique, il confiait à

Hügel : « Pour ma part, je considère cette solennelle diffamation comme une censure définitive, et je prends mes mesures en conséquence » – on verra bientôt lesquelles. Dans l'immédiat, il se donne la satisfaction d'une lettre à Merry del Val pour contester le bien-fondé de l'exposé doctrinal de *Pascendi* et protester contre l'accusation de mauvaise foi adressée aux exégètes critiques dont les procédés, y était-il déclaré, « soulèvent le cœur » (*« bilem commovent »* : c'est ainsi que Duchesne appellera l'encyclique). « Je ne vois pas de milieu, écrivait-il au baron, le 24 octobre, entre le silence absolu et la parole entière. » Cette parole *entière* avait besoin d'espace, et donc aussi d'un peu de temps, pour s'exprimer. Au début de l'année 1908, il publie le gros travail qu'il avait en chantier depuis longtemps (près de 2000 pages, traduction et commentaire, qui développaient une étude publiée en 1893-1896), *Les Évangiles synoptiques,* où sont reprises et argumentées les conclusions critiques condamnées par *Lamentabili*. Et, à la fin janvier, paraît un troisième « petit livre rouge », *Simples réflexions sur le décret du Saint-Office « Lamentabili sane exitu » et sur l'encyclique « Pascendi dominici gregis »*.

La première partie soumettait à un examen critique les soixante-cinq propositions du décret. La seconde commence par récuser le portrait que trace l'encyclique des modernistes. Portrait moral : elle leur prête « les plus noirs desseins, l'orgueil le plus démesuré, l'astuce la plus profonde, l'ignorance la plus complète de la théologie ». Mais elle se livre surtout à une manipulation délibérée en leur supposant un système commun, une doctrine secrète dont ils ne dévoileraient que quelques parties. En réalité, ils viennent d'horizons différents de la pensée contemporaine, ils ne travaillent pas dans les mêmes domaines, et la convergence n'en est que plus significative quand ils se retrouvent sur l'urgence d'une réforme de l'enseignement catholique et la reconnaissance de l'autonomie nécessaire « de la science à l'égard de la théologie » et de « la société civile à l'égard de l'Église ». Il commente ensuite l'encyclique point par point, soulignant au passage l'amalgame que celle-ci opère entre des pensées l'une à l'autre étrangères, les thèses imaginaires qu'aucun des auteurs apparemment visés n'avait soutenues, la méconnaissance des règles élémentaires de l'histoire et du travail critique, la mise en place enfin d'un régime policier écrasant pour toute recherche libre. Et Il concluait :

> Maintenant les positions sont prises : l'Église romaine, s'appuyant sur l'idée de la révélation absolue, qui autorise divinement sa constitution, sa croyance et ses pratiques, refuse toute concession à l'esprit moderne, à la science moderne et à la société moderne, qui ne peuvent reconnaître ni le caractère absolu de cette révélation, ni l'absolutisme de l'infaillibilité et de l'autorité ecclésiastiques. Le divorce est complet. La science l'avait déjà réalisé pour elle-même, et la société y tendait de plus en plus. L'Église, par la voix de son chef, vient de le proclamer officiellement.
>
> À l'heure actuelle, il est impossible de prévoir quand et comment la pensée et la société modernes pourraient se réconcilier avec la foi et l'institution catholiques. Ce n'est pas non plus le moment d'examiner les torts réciproques – car ils ne sont pas tous du même côté – qui ont amené la scission que le Souverain Pontife vient de sanctionner définitivement. Le temps est le grand maître sans lequel aucune vérité ne porte fruit en ce monde. On aurait tort de désespérer, soit de notre civilisation, soit de l'Église. Mais ce n'est pas quand elles se tournent le dos qu'on peut leur parler utilement d'accord[1].

Avant même la publication de ce livre, l'évêque de Langres, le diocèse dans lequel il était maintenant domicilié, lui avait transmis, le 19 janvier 1908, une sommation de Merry del Val d'adhérer « sans aucune restriction » à la condamnation des propositions visées par le décret et lui interdisant « de publier à l'avenir aucun écrit ou article semblable à ceux qui ont déjà été l'objet de la réprobation du Saint-Siège ». Il lui répondit le même jour : « Un pareil aveu, Monseigneur, ne me condamnerait pas à l'orthodoxie, mais au néant de l'intelligence et de la conscience. » Entre-

1. *Simples réflexions...*, p. 276-277.

temps, le nouvel archevêque de Paris, Mgr Amette, avait condamné ses deux livres. Le 19 février, toujours par le canal de l'évêque, Merry del Val lui adressait « une nouvelle et dernière admonition, formelle et péremptoire » : faute d'une soumission dans un délai de dix jours, il serait frappé d'excommunication nominative. Il répondit encore qu'il lui était impossible de faire honnêtement cet acte de rétractation absolue. La sentence fut fulminée le 7 mars.

> Son entêtement persistant, après les monitions canoniques formelles, étant tout à fait certain, cette Suprême Congrégation de la Sainte Inquisition Romaine et Universelle, pour ne pas manquer à son devoir, par ordre exprès de Notre Très Saint Seigneur Pie X, pape, prononce contre le prêtre Alfred Loisy, nommément et personnellement, la sentence d'excommunication majeure, et solennellement déclare qu'il soit frappé de toutes les peines des excommuniés publics, et que, par conséquent, il est à éviter, et de tous il doit être évité.

« Ma paix intérieure était entière. » En son for intime, la rupture en effet était consommée depuis trois ans au moins et il en prévoyait l'issue fatale. De celle-ci, il se borna à tirer les conclusions par deux gestes. « Il fallut quelques jours au tailleur pour transformer mes soutanes en redingotes. » À la fin du même mois de mars paraissait un quatrième « petit livre rouge », *Quelques lettres sur des questions actuelles et des événements récents*. Rapidité à première vue surprenante puisque, compte tenu des délais d'impression, le livre coïncide avec le décret de la Congrégation romaine. Il s'agissait en fait d'un recueil de documents qui devait mettre toutes les pièces de l'affaire, depuis la condamnation de 1903 jusqu'à l'excommunication, à la disposition du public : soixante-quatre lettres à des amis (Hügel en particulier), aux autorités ecclésiastiques, à ses contradicteurs, avec, en appendice, vingt-neuf « documents », pièces officielles, extraits d'articles de journaux, de revues, de mandements épiscopaux contre ses écrits, le dernier document étant le décret du 7 mars. L'idée de ce recueil lui était venue dès l'année précédente et il reconnaît d'ailleurs que certaines des lettres les plus récentes avaient été écrites dans la perspective de cette publication. Le livre passa à peu près inaperçu, car le plus grand nombre restait indifférent à cette « querelle de sacristie ».

Dans l'épreuve, la fidélité de ses amis ne lui avait pas manqué. Le baron von Hügel, à qui la sentence semblait « relativement modérée » (par rapport peut-être aux pratiques anciennes de l'Inquisition…), avait télégraphié dès le lendemain « expression d'affection continue, respect, sympathie et conviction que nous allons tous agir avec la vigueur d'une chevaleresque modération ». Et Mgr Mignot assurait : « Tout ce que je puis vous dire est que vous ne serez jamais pour moi *vitandus.* »

À cinquante et un ans – mais beaucoup de ces années « avaient compté double » – Loisy se sentait « vieux et fatigué », sans espoir d'avenir. Il s'était retiré dans sa petite maison de Ceffonds pour consacrer une bonne partie de ses soins à son jardin et à sa basse-cour et terminer ses jours auprès de sa famille. Un événement imprévu va l'en tirer et lui ouvrir une seconde carrière.

Le 6 mai 1908 mourait Jean Réville, directeur d'études (origines chrétiennes) à l'École des hautes études et titulaire de la chaire d'histoire des religions – où il venait, l'année précédente, de succéder à son père Albert, protestant libéral comme lui – au Collège de France. Loisy fut sollicité aussitôt pour cette double succession. Il hésita d'abord, répugnant à vivre en permanence à Paris et se sentant incapable physiquement de mener de front deux enseignements. Il se décida finalement pour le Collège de France, qui lui permettrait de passer une bonne partie de l'année dans sa maison de Ceffonds. L'élection n'était pas acquise d'avance : il avait quatre concurrents et, parmi les électeurs, des adversaires déclarés. Pour des raisons opposées d'ailleurs : les catholiques rejetaient « l'apostat » et les conservateurs ne voulaient pas faire cette « grosse niche » au pape ; mais certains, côté laïc, objectaient sa « robe » – une robe qu'il venait de quitter mais qu'ils craignaient de lui voir reprendre. Cependant s'activaient pour lui l'obligeant Houtin et un ami d'assez longue date, Paul Desjardins, fort introduit dans les milieux universitaires et gendre de Gaston Paris, l'administrateur du Collège. Des professeurs influents – dont Henri Bergson – étaient gagnés à sa cause. Le 31 janvier 1909, il fut élu au cinquième tour de scrutin.

Fut-ce ce nouveau statut universitaire qui incita Duchesne à reprendre contact ? Depuis 1904, il n'avait plus donné signe de vie. Au jugement de Loisy, il était convaincu de la nécessité comme de l'impossibilité des réformes et il avait assisté aux événements en spectateur, non malveillant mais sceptique, bien décidé quant à lui à se cantonner dans la pure érudition. Sans doute le directeur de l'École française de Rome pouvait-il assez naturellement écrire à un professeur au Collège de France. Mais on a le sentiment que Duchesne saisit l'occasion pour « constater que, selon les meilleurs auteurs, *vitandus* veut dire, ou à peu près, *à fréquenter* ». Loisy lui répondit assez sèchement. Pour Duchesne cependant approchait la consécration d'une brillante carrière ; mais, en bon « Romain », il n'ignorait pas que la roche Tarpéienne avoisine le Capitole.

Ses travaux jusque-là étaient destinés aux spécialistes de l'Antiquité chrétienne. Son *Histoire ancienne de l'Église*, dont les deux premiers volumes parurent en 1906 et 1908, s'adressait au public cultivé et connut une large audience. Loisy la jugeait très belle, mais « à la façon du XVIIIe siècle », d'un Voltaire « plus discret et plus solidement informé » : « Les tableaux sont merveilleux d'exactitude et d'information. Pourtant, c'est le drame extérieur de l'Église, plutôt que sa vie profonde, que l'on apprend à connaître là. » Le 20 octobre 1908, la mort de François-Désiré Mathieu, cardinal de Curie, libérait à l'Académie française un fauteuil réservé de tradition à un ecclésiastique. La « droite » académique avait son candidat, Mgr de Cabrières, évêque de Montpellier, écrivain abondant sinon très lu, monarchiste convaincu et qui avait eu des démêlés retentissants avec la République anticléricale ; la « gauche » lui opposa Duchesne. Le 27 mai 1909, six tours de scrutin ne parvinrent pas à départager les concurrents et l'élection fut renvoyée à l'année suivante. Cabrières se désista, mais Mgr Baudrillart, recteur de l'Institut catholique, se porta candidat à son tour. Il avait adopté une position combative dans la crise moderniste et Loisy lui avait adressé trois de ses *lettres* les plus sévères. Le 26 mai 1910, ce fut Duchesne qui l'emporta.

Paraissait à la même époque le troisième volume de son *Histoire*. Il reçut, comme les précédents, un accueil aimable de la plupart des revues catholiques. Duchesne lui-même, au cours d'une audience que lui avait accordée Pie X, le pria « de bien vouloir bénir cette œuvre historique afin qu'elle demeure digne de son approbation » – et se vit répondre: *« Questo non ne dubitiamo »*; euphorique, il écrivait aussitôt à une amie: « Chacun de mes volumes a été accueilli avec une bienveillance marquée et, sans s'effaroucher outre mesure de l'allure un peu vive qui règne là-dedans, il en approuve sincèrement l'esprit critique et la mesure. » Un an plus tard, avec Loisy, le ton changeait: « Ilion, hélas ! est de plus en plus difficile à habiter. Le vieux Priam devient de jour en jour plus grincheux. Il n'est pas sûr du tout qu'un beau matin il ne fera pas faire le saut à des gens qui ne demanderaient qu'à mourir derrière les murailles antiques et sacrées. » Une sourde campagne était en effet menée contre lui, en France et à Rome. Son élection académique n'avait pas fait que des heureux. Sans doute prêtait-il le flanc par les remarques caustiques qu'on lui attribuait généreusement: on a vu qu'il avait baptisé l'encyclique *Bilem commovent* (variante: *Digitus in oculo)*; il susurrait aussi, rapportait-on, que la barque de saint Pierre était conduite à la gaffe. Mais reprochait-on seulement à l'*Histoire ancienne de l'Église* son « allure un peu vive », une écriture alerte, un ton souvent piquant qui rompaient avec la traditionnelle onction cléricale ? Si elle évitait soigneusement le champ miné de la critique biblique et de l'exégèse et commençait à la Pentecôte, les développements, par exemple, qu'elle consacrait aux querelles trinitaires et christologiques montraient qu'il y avait réellement une *histoire* des dogmes et qu'elle s'était frayée péniblement sa voie à travers bien des aléas, des incompréhensions, des malentendus. Le

1er septembre 1911, la traduction italienne était interdite dans tous les séminaires de la péninsule, « même comme simple traité à consulter » et, peu après, une vingtaine d'évêques français appliquaient dans leurs diocèses une mesure analogue au texte original. Le 22 janvier suivant, un décret de l'Index prohibait l'*Histoire* sans distinction d'éditions. Duchesne souscrivit immédiatement en une formule laconique, dont on se contenta : « Fidèle enfant de l'Église, je dois me soumettre à ses décisions. Je viens donc déclarer à Votre Éminence que je m'incline devant le décret de la Sacrée Congrégation de l'Index relatif à mon livre. » Peu après, à Bremond qui traversait une épreuve analogue, il donnait la consigne *« Étudier et se taire »*. Mais il en resta profondément blessé. Dans le même temps, il rappelait à Loisy que celui-ci avait manifesté, dès le début de leurs relations, un fort mauvais caractère – « plus d'une fois, vous m'avez envoyé paître » – tout en réaffirmant : « vous ne me serez jamais *vitandus*, mais toujours *amandus* ».

Les ennuis de Duchesne ne représentaient qu'une vaguelette bénigne dans la tempête de condamnations qui emportaient mal-pensants affirmés ou simples suspects. Le cas le plus dramatique fut sans doute celui de Tyrrell. Après sa discrète excommunication, il continuait le combat. Mgr Mercier, récemment promu cardinal, avait consacré sa Lettre pastorale du carême 1908 au modernisme. Il y choisissait comme principal représentant de ces erreurs, tout en reconnaissant la portée spirituelle de beaucoup de ses écrits, Tyrrell précisément. Critique d'autant plus amère pour celui-ci que le prélat ne passait pas pour conservateur et qu'il avait été un des rares, à son rang, à lui témoigner sympathie et compréhension et à essayer de l'aider dans une situation difficile : aussi répondit-il vertement. Le titre anglais du livre, *Medievalism*, ne s'explique pas simplement par le fait que Mercier avait été, à l'université de Louvain, un des promoteurs de la restauration thomiste ; il y est présenté comme « la personnification adéquate de cette simplification scolastique du catholicisme » tout juste bonne pour « des intelligences de premiers communiants », « une belle ruine du

Moyen Âge » dépassée depuis longtemps par le monde qu'elle prétend évangéliser, dans l'ordre intellectuel, moral, social, politique. Mais le titre choisi pour la traduction française, *Suis-je catholique ? Examen de conscience d'un moderniste*, en exprime peut-être mieux le mouvement. De chapitre en chapitre, il réfutait les accusations portées contre les prétendus « modernistes » pour donner une réponse positive à la question posée, mais relevait finalement le défi en acceptant une appellation qu'on croyait infamante.

Il désignera ceux qui ont, en l'Église Catholique Romaine, une foi aussi ferme que les hommes du Moyen Âge, une foi plus profonde même et qui, loin de s'épouvanter, se sent au contraire stimulée par les découvertes de la critique moderne. Car, de même que c'est la foi dans le Christ vivant qui fait le chrétien, et non une christologie particulière, de même ce qui fait le catholique, ce n'est ni telle ou telle théorie abstraite de l'Église, mais la foi en une communauté catholique historique, jeune branche pleine de sève, poussée sur le vieux tronc, rejeton de la mission apostolique. Quiconque a perdu la foi dans la mission et la destinée de l'Église Romaine et dans le grand avantage qu'il y a à s'identifier avec elle n'est pas un catholique romain.

Relevons au passage qu'un aussi bon juge que Maude Petre regrettera plus tard[1] que Tyrrell ait subi l'influence de Hügel : « Je pense réellement qu'il était fait pour être un pionnier dans les questions de morale et de spiritualité, et que ce sont les problèmes de critique que von Hügel lui a littéralement imposés qui l'ont contraint à emprunter une autre direction. Il était grand, ce fut un martyr, mais ses dons ont été en partie ruinés. »

L'année suivante, alors qu'il travaillait à un nouveau livre, *Le Christianisme à la croisée des chemins*, son état de santé s'aggrava brusquement. Jusque-là les médecins n'avaient pas diagnostiqué ce qu'on appelait alors « le mal de Bright » – une néphrite chronique qui entrait dans sa phase aiguë. Dans

1. Dans sa communication au congrès-jubilé pour les soixante-dix ans de Loisy, en 1927.

la soirée du mardi 6 juillet 1909, une attaque le laissa presque entièrement privé de l'usage de la parole – seule Miss Petre arrivait à comprendre, au moins partiellement, ses mots faibles et inarticulés –, encore conscient mais avec des épisodes comateux qui se prolongeaient à mesure que le mal progressait. Constatant cette aggravation, Miss Petre avertit le baron von Hügel, qui accourut aussitôt et le samedi, sur leur assurance que le malade « devait être extrêmement désireux de recevoir les derniers sacrements et qu'il n'hésiterait certainement pas à regretter par un acte formel toutes les fautes de sa vie », un prêtre donna l'absolution sous conditions ; l'extrême-onction fut administrée le lundi. Le même jour, 12 juillet, était arrivé Henri Bremond qui resta jusqu'à la fin au chevet de son ami. « Avec une simplicité parfaite, témoigne Maude Petre, comme s'il n'avait jamais rien fait d'autre que confesser et assister spirituellement des mourants, il ne fut plus à son égard qu'un prêtre de l'Église catholique, lui parlant, le réconfortant, lui donnant l'absolution. » George Tyrrell mourut dans la matinée du jeudi 15 juillet 1909.

Sitôt informé, l'évêque de Southwark déclara que, à moins d'être assuré que Tyrrell avait fait un acte formel de rétractation, il n'autoriserait pas des funérailles catholiques. Après de multiples démarches, ses amis se résignèrent à l'ensevelir dans le cimetière de la paroisse anglicane. Le mercredi 21 juillet, Bremond, « en habit de clergyman, sans surplis ni étole », expliqua brièvement qu'ils acceptaient en silence le refus des autorités ecclésiastiques et voulaient éviter « tout ce qui pourrait suggérer une attitude schismatique ou sectaire. Mais nous ne pouvons pas accepter de le laisser emporter vers sa tombe sans prières et moi, son vieil ami intime, je vais dire les dernières prières catholiques sur son corps et je bénirai sa tombe dans le cimetière anglican où il va reposer ». Après que le corps eut été mis en terre, il prononça « le plus beau discours qu'il ait fait de sa vie » ; ce fut aussi, ajoute Loisy, « une belle et courageuse action ». Retenons, pour en donner le ton, ces quelques lignes.

On n'aurait pu commettre de plus grande erreur à son sujet que celle de ces adversaires bien intentionnés qui le considéraient comme l'apologiste moderne du jugement personnel et de l'individualisme en matière de religion. Il avait besoin d'une Église, à la fois parce qu'il sentait le besoin d'une organisation sociale de l'idée chrétienne et, plus encore peut-être, parce qu'il avait une foi profonde et un vif amour pour le côté sacramentel de la religion. Aucun dogme n'était plus cher à son cœur que le dogme de la Communion des Saints dont j'ai répété avec confiance à ses oreilles de mourant la douce, brève et simple formule : *Credo in communionem sanctorum*. De son amour pour les sacrements nous avons une preuve touchante dans le document daté du 1er janvier 1909 où il a écrit ce qu'il souhaitait pour ses propres funérailles. Il y dit qu'il désire qu'on n'inscrive rien sur sa tombe sauf son nom et sa qualité de prêtre catholique, auxquels il demandait que soit ajouté l'emblème du calice et de l'Hostie dont il a lui-même tracé l'esquisse.

Le lendemain, l'évêque de Southwark télégraphiait au prieur de Storrington : « Ne permettez pas à Bremond de dire la messe. » Le 4 août, Mgr Amette lui signifiait qu'à titre suspensif il étendait cette mesure au diocèse de Paris. Enfin, le 6, son ordinaire, Mgr Bonnefoy, archevêque d'Aix, l'informait que Merry del Val, *nomine Sanctae Sedis*, l'avait suspendu *a divinis*, c'est-à-dire privé de ses pouvoirs sacerdotaux. Avant même de rentrer en France et de connaître les mesures de Paris et de Rome, Bremond avait adressé à Mgr Bonnefoy un long mémoire justificatif et des mises au point à des journaux qui, comme *La Croix*, avaient présenté les faits de façon malveillante à son égard. Deux formules successives de soumission (la première laconique, la seconde expliquant point par point sa conduite) furent jugées insuffisantes : il devait non seulement exprimer son repentir pour son comportement et désavouer ses paroles, mais déclarer « accepter sans réserves tous les enseignements du Saint-Siège et particulièrement les enseignements contenus dans le décret *Lamentabili* et l'encyclique *Pascendi* ». Il trouvait cette dernière exigence « dure à avaler », mais, ayant « résolu, il y a longtemps, de rester dans l'Église » et décidé à accepter les conséquences de cette résolution, il rédigea à destination de Rome une longue lettre qui, reprenant les formules imposées, les assortissait d'explications qui mettaient la pédale douce. Il déclarait par exemple accepter tous les enseignements dogmatiques du Saint-Siège « les yeux fermés », étranger qu'il était à la question biblique comme aux « constructions philosophiques condamnées par le Saint-Père ». Hügel, particulièrement révolté par « l'acception *sans réserves* de *Lamentabili* et de *Pascendi* », désapprouva la démarche, alors que Miss Petre lui avait donné sans hésitation le feu vert : « Je professe, commentera-t-elle plus tard, qu'on a le droit d'accepter le martyre pour soi-même, mais non d'y pousser ses amis. Je suis une femme. » Quoi qu'il en soit, Bremond, après plus d'un mois d'attente, apprit que sa lettre... n'était pas parvenue à Rome et dut en réexpédier une copie, qui ne fut pas encore jugée satisfaisante. Il fut finalement contraint de signer, le 5 novembre, une formule qui reprenait tels quels les termes dictés par Merry del Val.

« L'affaire Tyrrell » distendit quelque peu les rapports de l'abbé Bremond avec le baron et le déprit définitivement de cette Angleterre qui avait été jusque-là son domaine de prédilection. Il avait enfin trouvé sa voie dans un projet ambitieux, cette *Histoire littéraire du sentiment religieux en France* qui allait être l'œuvre de sa vie. Le dessein en était dès lors fixé ; explorant les bibliothèques en France et en Italie, il entassait les matériaux et publiait quelques travaux d'approche, en 1910 une *Apologie pour Fénelon* et, en 1912, dans la collection fort orthodoxe « Les Saints », une *Sainte Chantal*. Mais c'était, comme l'écrivait le P. Blanchet dans le petit livre étincelant[1] qu'il a consacré à l'épisode, « la canicule de l'intégrisme » et, le 5 mai 1913, *Sainte Chantal* était inscrit au catalogue de l'Index. On visait manifestement l'auteur, les amitiés qu'on lui connaissait, les idées qu'on lui soupçonnait ; Bremond fit, à plusieurs reprises, de vaines tentatives pour qu'on autorisât une réédition corrigée du livre (mais, quelques années plus tard, il en reprit de

1. A. BLANCHET, *Histoire d'une mise à l'Index. La « Sainte Chantal » de l'abbé Bremond*, Aubier, 1967.

longs passages dans le tome II de sa grande *Histoire* sans que personne parût s'en émouvoir). Il adressa sans tarder à son archevêque une lettre de soumission dont Rome prit acte un mois après avec la formule habituelle : *laudabiliter se subjecit.* Mais il n'était pas seul dans la charrette et d'autres furent plus durement frappés. Au même décret étaient inscrites les *Annales de philosophie chrétienne* avec le nom de leur secrétaire de rédaction, un prêtre de l'Oratoire, le P. Laberthonnière. Le mois suivant, deux autres livres de celui-ci étaient mis à l'Index et une décision de la Congrégation, qui devait rester secrète, lui interdisait désormais de publier une ligne « même pseudonyme ou anonyme » : c'était, écrit le P. Blanchet qui savait peser ses mots, « la strangulation pure et simple[1] ».

1. *Ibid.*, p. 149.

6

DES « CHOSES PASSÉES » À LA RELIGION DE L'AVENIR

L'élection d'un excommunié si récent au Collège de France avait été reçue comme une provocation dans la presse catholique et du côté de l'Action française. On craignait des manifestations mais, entourée de quelques précautions, la leçon inaugurale se déroula sans incidents. Loisy y exposa le programme qu'il comptait développer : analyser les éléments essentiels des différents cultes – sacrifice, prophétie, prière, morale, sacerdoce… – pour « atteindre au plus intime » de toutes les religions et de *la* religion. L'intitulé de sa chaire – Histoire des religions – débordait sa spécialisation première, en critique biblique et exégèse, mais, on l'a vu, dès la retraite de Neuilly, son information s'était étendue, sa réflexion élargie. Cette réflexion visait, en dernière instance, l'ensemble du fait religieux comme axe de l'aventure humaine. Plutôt que le détail technique des analyses, qui porte sans doute sa date – celle de l'orientation des recherches et de l'état des questions alors – c'est cet aspect qu'il faut retenir.

Deux livres publiés en ces premières années d'enseignement correspondent aux deux versants de sa réflexion. Un premier témoignage autobiographique, *Choses passées*, donnait, en 1913, un récit à chaud des événements. C'était encore un « petit livre rouge », le cinquième – petit par le format et, relativement, par le volume, à peu près 400 pages, à comparer avec les *Mémoires* qui, une vingtaine d'années après, consacreront à la même période quelque 1 800 pages d'un format nettement supérieur. Le récit est linéaire, il ne cherche pas à « servir l'histoire religieuse de notre temps », comme l'annonce le titre complet des *Mémoires*, il s'en tient au parcours personnel. La fraîcheur des souvenirs y est sensible, en particulier dans l'évocation de l'enfance et de la jeunesse – leur brûlure aussi, même si l'expression en est maîtrisée. Règle-t-il ses comptes ? Il traite sans indulgence excessive, mais avec un certain souci de la nuance, quelques disparus, le cardinal Richard par exemple.

C'était un homme d'un autre âge : la langue qu'il parlait ne me disait rien, et il ne comprenait pas celle dont j'avais appris à me servir. Son esprit n'était pas très cultivé ; mais il était loin d'être aussi borné que parfois on le disait tout bas dans son clergé. Il avait apporté de sa Bretagne une foi de granit que nul doute ne vint jamais effleurer. Il voulait être juste ; il était bon ; j'ai entendu dire par des personnes de son intimité qu'il était très charitable. [...] Il croyait fermement à la théologie, à la tradition de l'Église, et il y conformait docilement son esprit, où ne logeait aucune idée personnelle ; que d'autres, surtout des prêtres, trouvassent quelque difficulté à cette soumission absolue de l'intelligence, c'était pour lui une sorte de mystère, un mystère qui cachait une perversité de l'âme. Nourrir une pensée propre, qui ne s'accordait pas avec la pensée de l'Église, était le fait d'un esprit orgueilleux, livré à Satan[1].

Il décoche au passage quelques traits, qui restent souvent allusifs, à des adversaires toujours vigilants. Il s'impose par ailleurs la plus grande réserve à l'égard de ses amis vivants. Bremond n'est jamais nommé, Mignot très incidemment, ou désigné par des périphrases – « un ecclésiastique considérable », « un archevêque du midi qui me voulait du bien » –, et si Hügel apparaît, c'est pour condamner « l'injure » faite par Rome au « moins orgueilleux des hommes »[2]. Le traitement réservé à Duchesne apparaîtra plus subtil. Loisy souligne à plusieurs reprises qu'il est « parfaitement innocent »

1. *Choses passées*, p. 149.
2. *Ibid.*, Mignot, p. 224, 227 ; Hügel, p. 340.

de ses propres « hérésies », que d'ailleurs (le sel est soigneusement pesé) il n'eut jamais « la prétention de réformer la théologie ni de s'en constituer l'avocat ». Plus âpre sans doute l'observation, à propos de l'*Histoire ancienne de l'Église* qui venait d'être condamnée, qu'elle se montre extrêmement circonspecte dès que des questions d'exégèse ou de dogme sont en jeu, qu'elle « se dérobe à ces questions » au lieu de les aborder. « Duchesne, qui jugeait vénielles ses propres hardiesses, a toujours trouvé naturelles et légitimes les condamnations qui m'ont atteint[1]. » Mais le jeu est à double visée: en prenant ses distances, il évite d'entraîner Duchesne avec lui. À la lecture, l'intéressé d'ailleurs ne parut pas s'en offusquer. De même, s'il relève que le système forgé par *Pascendi* emprunte des éléments à « la philosophie de MM. Blondel et Laberthonnière », à la conception que se faisait Tyrrell de la théologie et à ses propres livres, c'est que le fait est notoire. Tyrrell et lui-même sont désormais hors de cause, mais il tient à marquer aussitôt que l'encyclique caricature les idées de Blondel et de Laberthonnière, « croyants positifs s'il en fut, et plus éloignés de l'agnosticisme, de la doctrine qui consiste à ranger Dieu dans la catégorie de l'inconnaissable et à l'y laisser, que les théologiens scolastiques les plus orthodoxes[2] ».

Cependant, le dessein fondamental du livre est ailleurs, il s'exprime dans le titre même: ... *passées*. La page est décidément tournée, et il veut marquer sa position présente. Il n'appartient plus – non de son chef – à l'Église romaine, et il estime inutile de s'adresser aux « croyants absolus de l'une ou l'autre catégorie ». Aux « intransigeants de droite » sans doute, qui le traitent en Judas, mais aussi bien aux « intransigeants de gauche » pour qui « nul n'est penseur libre s'il n'est libre penseur, hostile à toute idée religieuse, opposant au fanatisme de l'ancienne foi le fanatisme qui la nie et voudrait l'anéantir ». Il espère désormais être entendu de ceux qui ne prétendent pas posséder la vérité entière et incontes-

1. *Ibid.*, p. 74, 96, 101.
2. *Ibid.*, p. 353.

table et « soupçonnent l'infinie complexité des sentiments humains »[1].

Au terme du livre, Loisy définissait l'objet de son enseignement et de ses recherches : « l'étude impartiale et sereine du passé religieux de l'humanité », parce qu'elle n'est pas « indifférente à la solution des graves problèmes qui s'agitent au sein de la société contemporaine »[2]. Le second ouvrage, *À propos d'histoire des religions*, un recueil d'articles récents, voulait se démarquer plutôt des « intransigeants de gauche », de ceux qui abordent le phénomène religieux dans un esprit trop étroit et trop négatif. Il recoupait ainsi un débat d'actualité. À plusieurs reprises, évêques et associations catholiques avaient dénoncé des manuels en usage dans les écoles laïques où ils trouvaient des pages offensantes pour le catholicisme. Dans l'autre camp, certains prônaient l'introduction de l'histoire des religions dans l'enseignement public pour démythifier les anciennes croyances. Loisy saisit l'occasion d'un livre de Salomon Reinach, *Orpheus. Histoire générale des religions*, qui se présentait justement comme un manuel de vulgarisation à cette fin. Reinach donnait une définition qui, selon lui, s'appliquait à toutes les religions connues : « un ensemble de scrupules qui fait obstacle au libre exercice de nos facultés ». Mais, lui réplique Loisy, la religion ne peut se ramener à un concept unique et simple. La réduire à tel trait primitif – le *tabou* en l'occurrence – c'est faire fi du développement historique, méconnaître « le sens de la vie religieuse, de ses formes, de ses degrés, de ses progrès ». Il élargissait son propos à ce que devrait être un enseignement public – et donc réellement neutre – d'histoire des religions. S'il n'est pas question d'y accepter une quelconque censure théologique, on se gardera de traiter la religion « comme un fléau universel, une entreprise d'erreur et de folie » alors qu'elle est « une œuvre de l'humanité », l'élément déterminant du développement humain, le ferment des différentes

1. *Choses passées*, p. VIII.
2. *Ibid.*, p. 379.

civilisations. Qu'il soit possible d'en exposer l'histoire selon les règles strictes de celle-ci sans offenser la croyance, il en trouvait la preuve – non sans malice – dans un livre « écrit par un ecclésiastique éminent », ayant « reçu l'*imprimatur* à Rome » (au moment de la publication de l'article en revue, l'*Histoire ancienne de l'Église* n'avait pas encore été condamnée). Il vaut la peine de reprendre intégralement le passage, parce qu'il illustre bien à la fois la manière de Duchesne et la distinction constamment rappelée par Loisy entre ce qui relève de l'histoire et ce qui relève de la foi[1].

Comment et en quelles circonstances commença, dans ce monde religieux de Palestine, le mouvement qui devait aboutir à la formation de l'Église? – Tous les renseignements s'accordent à nous indiquer comme point de départ un groupe de personnes qui vivaient à Jérusalem dans les dernières années de l'empereur Tibère (30-37). Ces premiers fidèles se réclamaient du nom et de la doctrine de Jésus de Nazareth, récemment supplicié par ordre du procurateur Pilate, à l'instigation des autorités juives. Bon nombre d'entre eux l'avaient connu vivant; tous savaient qu'il était mort crucifié; tous aussi croyaient qu'il était ressuscité, encore qu'une partie seulement d'entre eux eussent joui de sa présence après sa résurrection. Ils le considéraient comme le Messie promis et attendu, l'envoyé, le Fils de Dieu qui devait rétablir en ce monde le règne de la justice… Il avait promis de fonder un royaume, le royaume de Dieu… Son supplice, il est vrai, avait retardé l'accomplissement de sa promesse… On en avait le gage dans le triomphe remporté sur la mort par la résurrection du Maître. Celui-ci était présentement assis à la droite de Dieu son Père, d'où il allait venir manifester sa gloire et fonder son royaume.

Lignes irréprochables, commente Loisy, à laquelle la critique rigoureuse ne peut rien reprendre puisqu'elles disent simplement ce que les disciples de Jésus ont pensé de lui (il se donne même le luxe de suggérer que l'auteur aurait pu aller plus loin en affirmant « qu'elles représentent aussi ce que Jésus pensait de lui-même et de sa mission ») sans

1. *À propos…*, p. 128-129, qui renvoie à l'*Histoire ancienne de l'Église*, I, p. 13-14.

préjuger ni de la divinité du Christ ni de la réalité objective de sa résurrection. Plus globalement encore, il tient à dégager, dans cette fonction civilisatrice des religions, la grandeur particulière du christianisme catholique, de son esprit, de sa vertu. « Qu'étaient-ils en effet, sinon la notion même de l'humanité, de la famille universelle, de la patrie commune ? » Si cela ne correspond plus à la réalité actuelle de l'Église romaine, beaucoup d'esprits sincèrement religieux conservent la fidélité à l'idéal ancien, « la fraternité sans limite, l'effort vers l'union, le sentiment d'une grande œuvre à réaliser sur la terre par la charité de tous, la foi en l'avenir du genre humain ».

Les espoirs communs et les épreuves avaient pu rapprocher des esprits fort divers par ailleurs, et donner une apparence de réalité aux accusations d'une conspiration ourdie à l'intérieur de l'Église. Les ponts ne furent pas coupés, mais chacun désormais va poursuivre son chemin.

Mgr Mignot, tout en reconnaissant à Loisy sa « parfaite loyauté d'historien » et son « conservatisme relatif », lui maintenait son amitié sans pouvoir celer ce qui les séparait : « Vous auriez raison sur toute la ligne s'il n'y avait le surnaturel ; mais je crois qu'il existe. » Il est intéressant de comparer ce qu'il lui écrivait après la lecture de *Choses passées* et ce qu'il notait en même temps dans son journal. La lettre d'abord, du 30 avril 1913 :

> *Choses passées*, dites-vous, mais toujours *présentes* pour nous. [...] Inutile de vous dire que je ne partage pas toutes vos idées, puisque, si je les partageais, je devrais faire comme vous – mais j'ai été profondément ému en lisant cette « histoire d'une âme ». J'y ai retrouvé votre âme loyale et sincère. Ce n'est pas le lieu de discuter avec vous, ni de mentionner ce qui nous divise : ce que je veux vous dire, et dont vous ne doutez pas, c'est que je vous conserve toujours mon fidèle attachement.

Les notes intimes, à bien les lire, ne disent pas autre chose, mais en déplaçant les accents.

Je n'ai pas à dissimuler les sentiments d'affection que j'ai eus pour l'abbé Loisy et que je lui conserve. Je pourrais dire de lui ce que mon vieux maître M. Le Hir disait à propos de son ancien élève et ami : « M. Renan sait que je ne le hais point. » [...] Je n'ai pas à revenir sur un passé qui ne peut plus revivre et dont il a décrit les phases douloureuses dans un opuscule où il décrit son état d'âme avec sincérité. Il a brisé toutes ses attaches avec ce que nous avons de plus cher, non seulement avec l'Église, ce qui est déjà un grand malheur, mais avec Notre-Seigneur, ce qui est le malheur suprême. J'ai assisté avec tristesse à cette régression continue. S'il n'avait fait que jeter à la mer quelques *impedimenta* encombrants, dont d'excellents chrétiens aussi pieux qu'intelligents réclament le sacrifice, il n'y aurait rien à dire, mais sa finesse critique doublée d'une logique redoutable lui a fait dépasser la mesure, et lui aussi a fini par dire comme Renan : « Eh bien non, tout cela n'est pas vrai ». Ses dispositions négatives se sont accentuées de plus en plus, chacun de ses livres marque un pas de plus dans la critique radicale. Où s'arrêtera-t-il[1] ?

Le plus fidèle fut aussi le plus discret. Henri Bremond lui avait redit sa « cordiale sympathie » à l'occasion de l'élection au Collège de France, l'avait tenu au courant de ses propres ennuis au moment de l'affaire Tyrrell et ils continuaient d'échanger régulièrement nouvelles et travaux. Mais, après la lecture de *Choses passées*, qui l'avait « remué profondément », un scrupule lui vint. Ils avaient bien correspondu, mais l'abbé, ne passant que rapidement par Paris, se demandait s'il avait eu l'occasion de lui rendre visite depuis l'excommunication. Loisy n'allait-il pas penser qu'il avait pris *vitandus* trop à la lettre ? Bremond tient à lui affirmer qu'il n'a jamais eu « l'ombre d'un doute » sur sa sincérité absolue et son désintéressement. « Comment faire comprendre à ces gens-là que nous ne nous cherchions pas nous-mêmes en essayant de travailler pour l'Église ? La pauvre Église est de plus en plus décourageante. Je lui répète le *nec tecum possum vivere, nec sine te.* »

1. L. P. SARDELLA, p. 577-578.

L'évolution d'Albert Houtin, que nous avons laissé « théiste catholicisant », s'était précipitée. Il avait rompu tout lien avec l'autorité ecclésiastique, vivait, tant bien que mal, de ses activités de journaliste et se persuadait de plus en plus que le religion n'est rien d'autre « qu'une mystification, tantôt consciente, tantôt inconsciente »; mais il continuait de porter la soutane, « comme le vieil uniforme de l'idéalisme ». Il la déposa, le 24 avril 1912, et trouva quelque temps après, grâce à ses appuis politiques, une modeste prébende au Musée pédagogique de la rue d'Ulm. Cette même année 1912, il avait publié une *Histoire du modernisme catholique*. Bien informée, comme d'ordinaire, sur le détail des faits, elle soutenait en substance qu'il avait été « une entreprise aussi vaine que chimérique » de vouloir moderniser le christianisme et laissait entendre que l'effort des modernistes pour en réinterpréter les formules participait du même système de mystification. Loisy, qui avait lu les épreuves et n'avait pu le faire revenir sur ses jugements, trouvait que ce livre, « franchement mauvais », aboutissait à un double paradoxe: il savait « bon gré à Pie X de perdre l'Église » et reprochait aux modernistes « d'avoir voulu conjurer le péril ».

Sur les réactions de Friedrich von Hügel à *Pascendi*, son biographe, Michael de la Bedoyère, écrit qu'il était beaucoup plus préoccupé de la conduite de ses amis que de la considération de sa propre position. Et pour cause: les amis en question – Loisy, Tyrrell, Bremond – étaient des prêtres, soumis comme tels à l'autorité ecclésiastique et directement affectés par ses censures. Lui n'était pas tout à fait à l'abri de celles-ci: une jeune revue italienne, créée en 1907 par des amis d'Antonio Fogazzaro, *Il Rinnovamento,* avait reçu presque aussitôt un blâme du Saint-Office comme « notoirement opposée à l'esprit et à l'enseignement catholique », ce que prouvait la collaboration, entre autres, de Hügel. Mais il n'était guère atteint ainsi que par ricochet, et sous une forme bénigne. Plus tard, Miss Petre s'étonnera: « Le fait qu'il ne fut jamais ouvertement condamné constitue une des énigmes dont l'histoire ne nous a pas encore fourni la réponse[1]. » De cette réponse, on peut au moins suggérer quelques éléments. D'abord il était laïc, avec des amis puissants et d'un pays où l'opinion publique n'appréciait guère les interventions romaines (on a vu la forme discrète donnée à l'excommunication de Tyrrell, et l'épiscopat anglais déconseilla toute mesure contre Miss Petre). Son œuvre majeure, *The Mystical Element of Religion*, parue l'année après *Pascendi*, et les livres qui suivirent n'avaient pas grand-chose à voir avec le modernisme. Enfin et surtout, il ne prit jamais position publiquement à l'égard de l'encyclique, et on ne le lui demanda pas. « Laissez-moi vous dire, écrivait-il à Tyrrell, que je pense que vous auriez tort de faire une soumission *absolue*, *sans réserves* et *sans limites*. Je ne voudrais pas et ne devrais pas faire une telle chose, même si les eaux amères étaient proches de mes lèvres autant que des vôtres. » Mais, justement, elles n'approchèrent pas.

Après l'excommunication de Loisy, le baron estima d'abord qu'il n'y avait toujours entre eux « guère différence d'idée et de foi » : « Les souffrances et expériences si dures des trois dernières années ont rendu plus difficile notre foi en l'identité de nos espérances et nos découvertes avec la foi de l'Église officielle. Mais que vous êtes chrétien et qu'il est beau de persévérer comme tel ! » Leur correspondance continua, en s'espaçant au fil du temps, les liens se distendirent, ils s'éloignèrent progressivement. On pourrait parler d'un lent processus de méconnaissance mutuelle, et donc d'injustice réciproque. Hügel pensait avoir mis le doigt sur la plaie : son ami n'avait pas, ou avait perdu « la foi dans le Transcendant » ; pour lui Dieu était conçu « comme n'étant, au fond, que la somme des consciences individuelles », cette *anima mundi* ne semblant pas d'autre part différer essentiellement de la matière ; Loisy donc péchait par *immanentisme* et il devait se désolidariser publiquement de lui sur ce point fondamental. Loisy raillera doucement cette obsession, ce « monoïdéisme » du Transcendant. Il avait d'abord tenté de s'en défendre. « Je n'admets pas

1. Dans la communication citée plus haut, p. 101, n. 1.

davantage que Dieu soit une formule abstraite. Il est plus réel que nous. Mais je crois qu'il y a des inconvénients à le considérer trop en *grand Individu.* » Son agnosticisme philosophique et théologique, ses mises en garde contre les conceptions anthropomorphiques de la personnalité divine pouvaient en effet prêter à soupçons. Un article repris dans *À propos d'histoire des religions* sur « Jésus ou le Christ ? » avait particulièrement inquiété le baron. Loisy y refusait l'idée de faire « cesser le divorce entre le christianisme et la science positive en proclamant que Jésus était homme et que l'humanité entière est divine ». Il considérait que, dans le christianisme comme dans le judaïsme était fondamentale la distance de l'homme à Dieu comme du monde à son créateur, que la notion d'immanence divine leur restait profondément étrangère.

> En un sens, la religion ne se fonde et ne subsiste que sur la distinction, au moins initiale, de l'humain et du divin. Dans les formes les plus hautes de son évolution, elle apparaît comme un effort de l'être imparfait pour atteindre et réaliser le parfait. L'absorption finale de l'homme dans son idéal, conçu comme la suprême réalité, peut être l'objet ultime de la religion. Ce n'en est pas, il ne semble pas que ce puisse en être le point de départ. L'on pourrait donc ainsi développer la théorie de l'immanence divine en philosophie de la religion. Cette philosophie ne serait pas une religion, elle pourrait servir à *moderniser* une religion existante ; mais il ne faut pas se dissimuler que, si on veut l'appliquer au christianisme, elle en changera la base, par cela même qu'elle cesse d'attribuer à Jésus une place et un rôle uniques dans l'économie de la religion et dans l'histoire de l'humanité[1].

Texte important, texte ambigu aussi. Rapprochant du *modernisme* cette possibilité de *moderniser* les religions existantes, on pourrait penser que Loisy la prend à son compte. Mais il faut restituer le contexte : la réponse à une enquête du *Hibbert Journal* auprès de théologiens et d'exégètes *chrétiens* (des diverses sensibilités protestantes) ; il répond simplement, en historien : ce ne serait plus le christianisme.

1. *À propos...*, p. 257.

Sur le premier point de la formule initiale – « Jésus était un homme » –, sa position au fond n'a pas changé depuis *L'Évangile et l'Église* (et sans doute même depuis le « livre inédit ») et il la reprend dans les articles et les comptes rendus qu'il donne ces années-là à la *Revue d'histoire et de littérature religieuses*. « Le prophète de Nazareth se comprend comme un homme de son temps et de son pays, fils de son peuple, incarnation de l'esprit qui jadis avait animé les voyants et les saints d'Israël. » Ceux-ci avaient fait, d'une religion grossière à l'origine, « une très grande chose » : Dieu ne demande pas des sacrifices d'animaux, mais « de suivre la justice et de pratiquer le bien ». À la suite des prophètes, Jésus annonçait l'avènement prochain du règne de Dieu. Cette « chimère » était aussi « une grande idée, qui ne devait pas mourir avec lui : l'humanité en vit encore ; c'est l'idée que le bonheur ne peut être réalisé que dans un règne de justice. Cette idée-là, l'Église, malgré tant de méfaits qu'on peut lui reprocher, l'a maintenue et fait valoir ».

Sur le second point, sa pensée, ou du moins l'expression de cette pensée, paraîtra plus vacillante. Il saisit l'occasion d'un article de Hügel – une « profonde et minutieuse dissertation » parue dans la revue *Coenobium* – pour lui répondre. Le baron y développait l'idée « qu'un absolu réel, infiniment parfait, conscient et bon, se révèle à des degrés divers dans toutes les religions », mais qu'il ne peut se révéler de façon adéquate dans aucune. Loisy lui reproche de se placer trop exclusivement sur le plan de la philosophie plutôt que sur celui de l'histoire.

Il n'est vraiment pas à la portée de tout historien des religions, quand même il ne serait pas qu'historien, quand même il aurait commencé par être théologien, de se représenter un être actuellement et éternellement parfait, qui aurait organisé l'éducation de la pauvre humanité dans les conditions vraiment misérables où nous voyons qu'elle s'est faite et qu'elle se fait encore. Il n'y a pas à dire, c'est un vrai tâtonnement dans les ténèbres et les choses ne se passeraient pas autrement si la vie de l'esprit, au lieu de procéder d'un principe supérieur en qui se réaliseraient l'intelligence infinie et l'infinie bonté, était comme l'épanouissement d'une force qui se cherche elle-même, qui arrive à la conscience, à une conscience fort incomplète, dans l'humanité, pour ce qui est du coin d'univers accessible à notre expérience, sans qu'il nous soit possible de percevoir ni l'existence d'autres consciences partielles en d'autres coins du monde, ni celle d'une conscience infinie qui embrasserait tout[1].

Cependant, il écrira quelques années plus tard à Miss Petre: « Bien sûr, je crois dans le Transcendant, dans l'idéal et la réalité, comme quelque chose qui est Autre en soi de l'humanité. Mais je m'abstiens de définir la nature de cet Autre, et j'ai entrepris de construire ma religion morale sans une doctrine explicite de cette Transcendance qui nous échappe, bien que nous ne lui échappions pas[2]. »

Ces « espérances », ces « découvertes » qu'évoquait d'abord Hügel, Loisy estimait qu'il n'y avait pas renoncé, mais qu'il les avait au contraire « élargies » et « développées », que, selon la formule d'un de ses correspondants, le catholicisme était condamné à disparaître pour « céder la place à quelque chose qui vaudra mieux que catholicisme et protestantisme ». Cette *religion de l'avenir*, on a pu l'apercevoir, était aux couleurs de l'époque: lente mais sûre avancée de la civilisation, rapprochement des peuples, rêve d'une humanité réconciliée. Non qu'on puisse faire de Loisy un « scientiste »: s'il apprécie les acquis de la science, sa foi dans le progrès relève essentiellement de l'ordre moral. À cet égard, un contemporain avec lequel sa pensée avait le plus d'affinités était peut-être Jean Jaurès – à sa façon aussi un esprit religieux: celui-ci d'ailleurs lui avait donné des signes d'intérêt et de sympathie.

Il lui arrivait de traverser des moments de dépression. « Le sort des vieux célibataires est de mourir abandonnés; à plus forte raison celui des vieux défroqués qui restent dans le célibat. [...] Achevons donc notre tâche sans rien espérer que la satisfaction du travail accompli. La vie passe à

1. *Revue d'histoire et de littérature religieuses*, 1912, n° 1, p. 78.
2. Lettre du 29 septembre 1917, trad. de M. D. PETRE, *Alfred Loisy, His Religious Significance*, Cambridge University Press, 1944, p. 83.

côté de nous. Il est trop tard pour entrer dans le courant. » Mais, dans l'ensemble, il abordait cette nouvelle étape avec une énergie renouvelée. D'autant qu'il pouvait apprécier la liberté conquise au spectacle de la « terreur noire » qui régnait dans l'Église qu'il venait de quitter. Ressuscitée, la *Revue d'histoire et de littérature religieuses* publiait ses travaux et ses recensions et bénéficiait de collaborateurs distingués. Sentiment tout nouveau aussi pour lui, « l'affection de quelques jeunes gens » qui lui est « infiniment précieuse »: ils travaillent dans le champ des études religieuses et il se prend à espérer avoir trouvé des disciples et des héritiers. « On a toujours cru que les livres suffisaient à ma béatitude. C'était une erreur. Mais à quoi m'aurait-il servi de le proclamer? Maintenant, je deviens un tout petit peu patriarche, et le rôle est assez agréable quand les enfants sont gentils. »

La guerre va bousculer ces illusions et ruiner ces espérances. En cet été 1914, il est revenu comme d'ordinaire dans sa maison de Ceffonds. Début septembre, l'offensive allemande se rapproche dangereusement et il assiste au passage de la triste cohue des réfugiés; il se souvient « d'avoir vu un pauvre homme, un vieillard, qui poussait devant lui une brouette sur laquelle il y avait un seul objet, une boîte à chapeau, son haut-de-forme qu'il n'avait pas voulu laisser à l'ennemi ». À une vingtaine de kilomètres de là, son village natal d'Ambrières se trouve à la limite du champ de bataille de la Marne et la famille de son frère vient se réfugier chez lui. Unique précaution en vue d'un éventuel repli, il se contente d'enfermer dans un petit sac, facile à prendre en main pour fuir, ses notes de cours pour la prochaine année universitaire. Après les combats et le repli ennemi, son frère fut réquisitionné, avec les hommes valides des villages voisins, pour enterrer les morts; « il gardait une impression si horrible de ce qu'il avait vu qu'il n'a jamais voulu raconter en quoi avait consisté sa corvée ».

« Ce qui me paraît caractériser cette guerre, notera-t-il sous le choc de l'événement, c'est justement la faillite de toutes les religions devant un phénomène aussi monstrueux et qui déconcerte, au fond, bien plus la foi que l'incrédulité. » Avec le recul du temps, il complétera et nuancera : « Si la guerre, en effet, m'a donné une impression profonde, c'est que l'humanité n'est pas *conduite*, comme l'enseignent les religions, mais qu'elle va, cherche, se pousse, s'affole, s'irrite, se déchire, se suicide, tout en s'efforçant à vivre, à grandir, à se perpétuer, voire à s'améliorer. » Est ainsi condensée toute sa réflexion pendant cette période décisive pour l'évolution de sa pensée, les deux pôles entre lesquels elle s'inscrit, la tension qui la traverse. Une constante demeure dans cette évolution, qu'il exprime dans une lettre au baron *de* Hügel (ayant opté pour la nationalité anglaise au début de la guerre, il « dégermanisait » ainsi son nom) le 24 décembre 1916.

> C'est un phénomène absolument étrange que l'évolution religieuse de l'humanité. Y voir l'histoire de la bêtise humaine est le comble même de l'inintelligence. Car l'histoire des religions, c'est l'histoire de l'humanité en ce qu'elle a de plus vital, de plus essentiellement humain, le développement de sa vie morale. La force sous-jacente à ce développement peut être mystérieuse ; c'est autre chose qu'une source inépuisable de contresens. Sociabilité humaine et religion sont solidaires, et le progrès humain n'est que le sens religieux de l'humanité, sens de plus en plus large, mais qui se détruit dès qu'il veut dépouiller tout caractère mystique.

Très tôt (le livre paraît en mai 1915, il a donc été écrit dans les premiers mois du conflit), il donne publiquement sa pensée dans une « brochure », *Guerre et religion*. Mais il est plus éclairant d'en suivre le parcours à travers ses notes intimes. D'abord parce que, vu les circonstances, les susceptibilités d'une opinion échauffée par le « bourrage de crânes », le livre doit « tourner les choses en douceur », respecter « la politesse des mots ». Et s'il avoue souvent marcher « à tâtons dans les ténèbres », se dégagent progressivement quelques grands thèmes qui vont informer son œuvre. « La faillite de toutes les religions » se traduit par une sorte de régression clanique, le retour au dieu de la tribu, l'appropriation nationaliste de la divinité. Les savants allemands – parmi lesquels des théologiens illustres, Harnack, Eucken, à la grande désillusion du baron – ont donné le premier exemple, dans un manifeste proclamant que « le militarisme allemand et la culture allemande sont solidaires l'un de l'autre ». Mais tous les pays, dans les deux camps, participent à cette régression. L'expérience de la guerre oblige d'autre part à poser une question : quelle est cette foi qui pousse les hommes au dévouement jusqu'au sacrifice suprême ?

Ce n'est pas pour le catholicisme qu'on meurt, on meurt pour la vieille patrie française et pour l'avenir de la France dans l'humanité. Et les catholiques n'ont pas, ils savent bien eux-mêmes qu'ils n'ont pas une grâce particulière pour mourir ainsi. D'autres meurent aussi courageusement qu'eux, mus par le même sentiment, sans avoir besoin d'aucun appui secondaire dans les consolations et les espérances d'à côté, qui naissent de la croyance au surnaturel chrétien…

Mais, dès le 29 décembre 1914, il notait : « Tous les anciens dieux sont *au-dessous* de la crise présente, et cependant un Dieu y est impliqué, dont il s'agirait de trouver la formule. » Découvrir « le Dieu qui se fait », et qui se fait dans et par l'histoire humaine, voilà qui semble bien confirmer les soupçons d'*immanentisme* que lui opposait Hügel. Commence à prendre forme cette *religion de l'humanité* que va en effet développer Loisy dans les années qui viennent et que l'on considérera souvent comme une simple resucée de la philosophie d'Auguste Comte. Reste à comprendre si l'humanité, d'un même mouvement, se constitue et se déifie, se donne à elle-même pour objet de son culte, ou si elle prend progressivement conscience, à travers des formes de moins en moins imparfaites, d'une force à l'œuvre dans son histoire qui, à la fois, l'entraîne, l'unifie et la dépasse. Loisy lui-même avoue qu'il tâtonne et il faut laisser la question ouverte.

Il voit se dessiner les étapes d'une évolution, des religions primitives du clan ou de la tribu aux dieux nationaux, puis aux grandes religions du salut, le christianisme en particulier, « sortes de confréries internationales à tendance universaliste », mais qui ne constituent pas encore une religion vraiment universelle. L'humanité n'y accède pas vraiment à « la conscience d'elle-même et de sa place dans le monde où elle est perdue. L'avenir de l'espèce, si elle a un avenir, est certainement dans la conscience de son unité morale. » À ce stade en effet, il se préoccupe surtout de définir le rapport de la morale et de la religion. La vie morale, pour lui, « a toujours été liée à une considération mystique de la société humaine » et elle n'existe qu'en fonction de cette société. Devoir et droit sont absolus quant au principe, mais relatifs et progressifs dans l'application ; ils représentent « un idéal pressenti plutôt que nettement perçu, et toujours en voie de réalisation plus complète, jusqu'à pleine conscience d'humanité chez tous les hommes », une plénitude qui ne sera peut-être pas atteinte avant la fin du monde. Il en arrive ainsi à « construire le symbole moderne », pastiche du symbole catholique.

Je crois en une seule humanité, mère et créatrice de tous les biens matériels et spirituels;

Et au devoir-droit, son fils unique, *deum de deo, lumen de lumine*;

Et à l'amour-dévouement, *qui ex matre filioque procedit*, et par lequel l'humanité fait une société, *unam sanctam, catholicam et apostolicam ecclesiam*;

Et nous attendons *resurrectionem mortuorum*, la réalisation de leur idéal, *et vitam venturi saeculi*, et nous travaillons à l'avènement de siècles plus heureux que le nôtre.

Pastiche complémentaire, du prologue de Jean cette fois:

Au commencement était le devoir,
et le devoir était dans l'humanité,
et le devoir était l'humanité.

On jugera, non sans raison, ces transpositions d'un goût douteux. Nostalgie cléricale ? Peut-être. Retenons du moins qu'à ce qui se représente sans doute l'étiage de son évolution religieuse, Loisy garde la conviction – son vrai point commun avec Auguste Comte « seconde manière », celui de la « synthèse subjective » – que l'humanité ne peut se passer de religion.

On pourrait penser aussi qu'après le traumatisme de 1914, il en est revenu aux béatitudes d'un moralisme vaguement spiritualiste, à la vision euphorique d'une humanité en marche régulière vers le progrès. Il n'en est rien. La guerre n'a pas fait naître en lui le sentiment du tragique de l'histoire, mais elle l'a singulièrement ravivé, et les lendemains qu'il entrevoit ne sont pas roses.

> Nous voyons de terribles jours ; mais ceux qui viendront après nous en verront de plus sombres encore, et ils verront quelque chose de pis que la fin du monde, ils verront régner ici-bas une barbarie savante et immorale, si de toutes parts les bonnes volontés ne se lèvent pas pour dominer les appétits et réclamer comme droit des nations, sur notre misérable planète, un peu de justice.

En 1917, un nouveau petit livre rouge met en forme ces idées, sous le simple titre *La Religion*. Sur morale et religion, il reprend le double thème de leur liaison nécessaire et de leur fondamentale dimension sociale. Leur progrès à toutes deux vient de l'élargissement de la solidarité, « solidarité du clan ou de la tribu, solidarité de la nation, solidarité des nations apparentées en civilisation, solidarité universelle de l'humanité ».

> Le sentiment et la notion mystiques de cette solidarité est la substance de toute religion, sa pratique est l'essence de toute morale : d'où vient que toute religion a un caractère moral, si rudimentaire et imparfait soit-il, et que toute morale vivante a un caractère religieux, quel que soit d'ailleurs le symbole de la foi qui la supporte[1].

Une perspective strictement sociologique cependant ne parviendrait pas à saisir « l'acte religieux par excellence » – *l'essence* de la religion en somme – qu'est le sacrifice de

1. *La Religion*, p. 121.

soi, « d'autant plus religieux qu'il est plus conscient et volontairement consenti ».

L'âme du sacrifice est l'amour, par lequel sont rendus possibles et même relativement faciles tous les renoncements nécessaires. L'amour dont il est question est un sentiment religieux. Du reste, en tout amour humain qui n'est pas simple appétit, il entre une lueur de religiosité, mais qui peut être hors de propos et mal réglée[1].

Développant ses vues sur l'évolution religieuse de l'humanité, des religions primitives à la crise actuelle du christianisme, une évolution qui n'est ni régulière ni continue, qui avance à travers bien des défaites, il en dégage deux ressorts, ou deux constantes. La foi d'abord, qui en est « la substance, le nerf », le point où le mystère de l'humanité « rejoint celui de l'univers et se confond avec lui ».

Car, en affirmant la valeur morale de l'existence humaine, la foi affirme aussi bien, et contrairement à toutes les apparences, la signification morale du monde et de la vie qui est dans le monde. Si la raison découvre le mécanisme du monde extérieur, la foi perçoit intuitivement et révèle un monde intérieur qui n'est point mécanisme, qui est conscience et volonté, où la spontanéité de la vie se détermine en connaissance du vrai, en amour du bien, un monde qui, opprimé en quelque façon par le mécanisme universel, ne laisse pas de s'en dégager, de le dominer au moins relativement. La foi oblige la raison à reconnaître cet ordre de l'esprit, dont la raison pourtant ne saurait définir géométriquement la loi, bien qu'elle n'ait pas cessé de s'y essayer. Pour que la raison pût ainsi définir la vie de la foi, la vie de l'esprit, elle aurait besoin de l'arrêter sous son regard, ce qui n'est possible que par une considération limitée et arbitraire dans sa limitation, la vie étant mouvement, et plus large que la raison, en sorte que la raison ne saurait, à aucun moment, l'embrasser tout entière ni en fixer l'image définitive. La foi est la plus haute expression spontanée de la vie dans son développement humain, et la plus sensible manifestation de la force qui travaille à ce développement[2].

1. *La Religion*, p. 82.
2. *Ibid.*, p. 235-236.

Mais c'est la tradition qui, tout ensemble, suggère la foi – la société l'inculquant à ses membres – et l'entretient, déroulant de génération en génération une « chaîne de la foi ». Et, comme la foi ne saurait se confondre avec les croyances où elle tente de s'exprimer, la tradition, force active, ne se réduit pas aux institutions qui ont pour mission de la conserver mais peuvent la détourner ou la trahir.

La force de la tradition est dans le sentiment de pérennité qu'elle donne à la foi, le sens de l'unité sociale, de l'unité humaine dans la durée pour la même œuvre depuis les générations anciennes, maintenant et toujours ; elle est l'appui que la foi trouve dans son passé, gage de sa conservation ultérieure ; elle est ce passé de la foi, vivant encore dans le présent et garantissant l'avenir. La tradition enveloppe l'individu et le pénètre d'une impression vive de communion avec l'humanité d'hier, celle d'aujourd'hui et celle de demain. La tradition vivante est inséparable de la foi ; c'est la foi qui dure en se transmettant. Mais les documents de la tradition ne sont pas la tradition ; mais les canaux de la tradition ne sont pas sa vie continue[1].

La réaction la plus chaleureuse vint d'Henri Bremond. Il était décidément engagé dans la grande œuvre de sa vie, qui allait prendre des dimensions imprévues : cette *Histoire littéraire du sentiment religieux en France* devait conduire, comme l'annonçait le titre complet, *depuis la fin des guerres de Religion jusqu'à nos jours* ; à sa mort, onze gros volumes (le dernier posthume) n'avaient pas épuisé le seul XVIIe siècle. Il avait à ce moment publié les deux premiers tomes, *L'Humanisme dévot* et *L'Invasion mystique*, ne manquant pas de les envoyer à Loisy. La lecture de *La Religion* – ce « chef-d'œuvre » – l'a enthousiasmé : « jamais le problème n'a été posé avec autant de sérénité, de largeur d'esprit et de force ». Et il esquisse une convergence avec ses propres recherches, et la philosophie implicite qui les sous-tendent – convergence qui va se préciser dans les années suivantes.

1. *Ibid.*, p. 239-240.

Évidemment on vous trouvera chimérique. Mais je tiens à votre disposition, pour votre défense, toute l'armée des mystiques. Si vous exigez trop, le christianisme, tel qu'ils l'entendent, n'exige pas moins. Pour eux, religion = amour, désintéressement, oubli total de soi, sacrifice complet en l'honneur de Dieu, seul être qui compte. C'est tout le christianisme [...]. Avoir la religion de l'humanité n'est pas plus difficile que de pratiquer pour de bon cette religion des mystiques.

Plus en retrait, comme on l'a vu, sur le plan des idées, Mgr Mignot restait toujours fidèle en amitié. Il n'avait d'ailleurs pas renoncé, dans la tempête, à son vœu d'une Église qui ne se barricaderait pas contre le monde et toute idée nouvelle. Apparemment la cause était perdue et, dans le climat créé par la répression antimoderniste, triomphaient ceux qui, en théologie avec les scolastiques, en politique avec l'Action française et ses alliés, se proclamaient catholiques *intégraux*, c'est-à-dire seuls vrais catholiques. À la mort de Pie X, qu'il considérait « comme un saint », mais « un saint redoutable », il évoquait en particulier avec regret la dureté de ton de ses encycliques : « Ce n'est pas un père qui parle, même pas un beau-père ; c'est une belle-mère[1]. » Il saisit l'occasion du changement de pontificat pour adresser au nouveau Secrétaire d'État (qui avait remplacé Merry del Val), le cardinal Ferrata, un mémoire sur la situation de l'Église de France. Il s'y plaignait que « la grande majorité des catholiques français » fût « frappée de suspicion et tenue à l'écart par des gens sans mandat ». S'il reconnaissait la nécessité de « combattre vigoureusement les erreurs doctrinales », il souhaitait « charité et mansuétude » pour les hommes. Il regrettait surtout qu'on fît deux poids et deux mesures, traitant avec la plus grande sévérité de bons catholiques et manifestant la plus grande indulgence « envers des politiciens dont le chef a écrit que Jésus-Christ, notre Sauveur, était un ennemi de la civilisation ». Allusion transparente à Charles Maurras, dont Pie X avait refusé de publier

49. SARDELLA, p. 457.

la condamnation, alors qu'avaient été frappés les « bons catholiques » du Sillon, suspects de « modernisme social ». L'intervention trouva un écho dans la première encyclique de Benoît XV, *Ad beatissimi*. Le nouveau pape y ordonnait qu'on s'abstînt « de certaines appellations dont on a commencé depuis peu à faire usage pour distinguer les catholiques des catholiques » et, dans les débats sur les questions libres, « sans détriment de la foi ni de la discipline », de recourir à l'anathème sur les tenants de l'opinion contraire. Il y avait au moins l'amorce d'un changement de climat.

Mgr Mignot donc, lecture faite de *La Religion*, écrivait à Loisy, le 19 juillet 1917, que ce livre pourrait bien être celui où il avait « apporté le plus de finesse psychologique et de pénétrante analyse ». Quant à lui, il s'accrochait encore aux arguments de la théodicée traditionnelle, sans se dissimuler leurs faiblesses. Il avait surtout du mal à croire que « la foi au devoir, au progrès » ait vraiment « prise sur les gens » et puisse assurer une base à la morale. Si tous ces problèmes sont écrasants, « est-ce une raison pour ne pas suivre la petite lumière qui brille dans l'Écriture, malgré les symboles qui parfois l'obscurcissent » ?

Mais la santé de l'archevêque se dégradait et, au début de l'année suivante, il dut demander un coadjuteur. Il mourut à Albi, le 18 mars 1918. « Les grands problèmes de la philosophie et de l'exégèse l'avaient préoccupé jusqu'à la veille de sa mort; mais il les traitait, si j'ose le dire, avec autant de douceur et de ménagements que les personnes [...]. Il a été beaucoup aimé de ceux qui l'ont bien connu. Lui-même était aimant et admirablement dévoué. C'était un évêque en qui l'esprit moderne s'harmonisait aux vertus antiques. »

La guerre avait provoqué d'autres morts dans l'entourage amical de Loisy, parmi ces brillants jeunes gens sur lesquels il comptait pour poursuivre son œuvre : Ernest Babut, protestant, fils de pasteur, ancien membre de l'École française de Rome, spécialiste de la littérature chrétienne des premiers siècles ; René Duchamp de Lageneste, littéraire de formation et qui se destinait aux études hébraïques. Deux autres

« Romains » furent épargnés mais les missions dont ils avaient été chargés pendant le conflit les orientèrent dans d'autres directions. René Massigli, qui avait, au jugement de Loisy, « un grand avenir dans les études historiques », inaugurait une brillante carrière diplomatique. Le second va jouer dès lors un rôle important, sur un autre plan, dans la vie de Loisy comme dans les affaires religieuses en France.

Louis Canet[1] avait écrit pour la première fois à celui dont il admirait le « génie » (« le plus grand – me disait un homme prudent et sage, et prêtre qui plus est –, le plus grand qui est paru dans l'Église depuis Origène »), le 11 novembre 1905. Âgé de vingt-deux ans (il était né à Rouen le 18 juillet 1883), il venait de terminer à la Sorbonne une licence de lettres et cherchait un sujet – c'est là-dessus qu'il demandait conseil – pour son mémoire du diplôme d'études supérieures (l'équivalent de l'actuelle maîtrise). Philologue, il se destinait aux « études chrétiennes » et cette conjonction allait commander la suite de son cursus universitaire: reçu à l'agrégation en 1909, il poursuivit parallèlement sa formation philologique aux Hautes Études, travaillant en particulier sur les manuscrits du texte grec du livre de Daniel. Spécialisation rare qui lui valut d'être désigné, en 1912, pour l'École française de Rome.

Déjà familier du P. Laberthonnière[2], ses relations avec Loisy se firent plus étroites à partir de 1910, à l'occasion de la « décade » sur « le sentiment de la vie religieuse » organisée à Pontigny par Paul Desjardins, à laquelle ils participaient tous les deux. Relations qui vont prendre, du côté de Canet du moins, une tonalité exceptionnelle parmi les

1. Voir l'article de Bruno Neveu « Louis Canet et le service de conseiller technique pour les Affaires religieuses au ministère des Affaires étrangères », *Revue d'histoire diplomatique*, 82ᵉ année, 1968, n° 2, qui analyse son action au Quai d'Orsay et au Conseil d'État.

2. Celui-ci en fit son exécuteur testamentaire et Canet, après la mort de son maître et ami, publia ses œuvres complètes (longtemps tenues sous le boisseau, comme on l'a vu, par la condamnation romaine), avec de copieuses annotations de son cru. (Huit volumes à la librairie Vrin, de 1935 à 1955. On citera en particulier *Esquisse d'une philosophie personnaliste*, 1942, et *La notion chrétienne de l'autorité*, 1955.)

amitiés de Loisy. En route pour Rome, venant de lire *Choses passées*, il bouscule la réserve habituelle à son correspondant par une véritable déclaration d'amour filial.

Ne soyez pas fâché si je vous dis tout simplement mon émotion – tout filialement, puisque deux ou trois fois à Pontigny, avec beaucoup d'ironie, mais aussi, ce me semble, avec quelque tendresse, vous m'avez appelé « mon fils ».

Je voudrais que mon affection – je ne dis pas, vous rendît heureux (je ne suis pas si vain), mais au moins vous fît plaisir. Peut-être n'êtes-vous pas comme moi, peut-être n'avez-vous pas besoin de vous sentir aimé. Je le soupçonne, et j'ai peur que vous ne soyez fâché de cette lettre. J'ai eu l'idée un moment de la déchirer, et qu'il n'en fût plus question. Mais aurais-je raison de vous cacher ainsi ma manière d'être, et en quoi peut-il après tout vous porter ombrage de m'entendre vous dire que je vous aime bien ? Je vous le dis donc, et en advienne que pourra ! Si vous êtes assuré que je n'en travaillerai pas moins consciencieusement, je ne puis pas croire que vous m'en tiendrez rigueur. (11 novembre 1912.)

Cette affection va désormais dicter son attitude. Ainsi, peu de temps après (le 28 novembre), apprenant que Loisy est sérieusement malade, il s'inquiète qu'il n'ait personne à demeure auprès de lui et propose ses services : « J'aurais l'esprit plus au calme si vous me promettiez, en pareil cas, de me faire appeler, tout simplement, comme vous feriez votre fils. Oui, n'est-ce pas ? C'est promis et le pacte conclu. » Dévouement d'ailleurs payé de retour, bien que sur un mode plus contenu : il recevra, dans les derniers mois de la guerre, les « instructions » de Loisy qui l'a désigné comme son exécuteur testamentaire.

À l'École française, Canet se consacre à des travaux érudits, sur les recensions grecques des prophètes bibliques et des textes des anciennes liturgies. Très proche de Duchesne, il renseigne Loisy sur les humeurs de celui-ci. Mais en même temps il se familiarise avec le monde romain et acquiert « une étonnante connaissance des usages de la cour pontificale, du fonctionnement des congrégations, de la sensibilité romaine et des doctrines d'outre-mont », sans pour autant être « romanisé », bien au contraire : il retire de cette expérience « la conviction que l'Église devait revêtir selon les pays, et en France particulièrement, un visage qui n'était pas nécessairement celui que Rome tentait d'étendre uniformément à l'univers ». Bref, il s'inscrit dès lors dans une tradition gallicane de résistance aux « exigences de la cour de Rome »[1].

Son intérêt ne se cantonne pas dans le monde ecclésiastique. Moment clé, dans les premiers mois de 1915, quand la diplomatie alliée s'efforce de détacher l'Italie de la « Triple Alliance » nouée avec les Puissances centrales et de la faire entrer en guerre à ses côtés. Si le courant « interventionniste » (où se distingue un militant socialiste nommé Mussolini) est puissant, le Vatican y est résolument hostile. Dans ce contexte, on comprendra la sévérité (ou la partialité) des jugements de Canet. Le 20 avril : « Benoît XV est de plus en plus lamentable ; ce n'est pas un mauvais homme, mais il ne comprend rien à la situation et l'idée de la guerre l'affole. » Et le 21 mai : « Ce malheureux est devenu le docile instrument des boches, si docile que, malgré ses protestations et ses jérémiades, je commence à douter de sa bonne foi. À l'entendre en privé, il serait des nôtres ; mais tous ses actes publics prouvent qu'il est dans l'autre camp. Que nous importe d'avoir avec nous Benoît XV si le Pape est contre nous. » Trois jours après, l'Italie déclarera la guerre à l'Autriche. Les informations et les commentaires de Canet pourraient bien, on va le voir, avoir influencé Loisy.

Maintenu à Rome, jusqu'au terme du conflit, comme attaché au bureau de presse et de renseignements de l'ambassade, il sera amené, après l'armistice, à renoncer à une carrière scientifique qui s'annonçait brillante[2] : on lui pro-

1. NEVEU, p. 140.

2. Il ne se désintéressa pas des études religieuses, éditant, comme on l'a dit, les œuvres de Laberthonnière, publiant, avec son ami Robert Fawtier, en 1949, *La Double Expérience de Catherine Benincasa (sainte Catherine de Sienne).* Mais ses travaux portaient essentiellement sur des problèmes à la jonction du politique (en particulier un livre, signé du pseudonyme Nicolas FONTAINE, qui fit quelque bruit, *Saint-Siège, « Action française » et « Catholiques intégraux »*) et du juridique.

posera une chaire aux Hautes Études et Duchesne songea un moment à lui pour lui succéder à la direction de l'École française. En 1919, il est adjoint au directeur des cultes à Strasbourg, mission délicate puisqu'il s'agissait de régler le régime des différentes confessions dans la province recouvrée, restée concordataire (à cette occasion, il tenta de faire nommer Bremond à la Faculté de théologie catholique, mais ne put vaincre les résistances de l'évêque). L'année suivante, il est appelé – à titre officieux d'abord – comme conseiller technique pour les affaires religieuses au ministère des Affaires étrangères. Il y joua un rôle peu connu du public, mais important, d'abord dans les conversations qui préparèrent la reprise des relations diplomatiques avec le Vatican, puis dans la gestion des affaires: rapports de la France avec le Saint-Siège, nomination des évêques, régime juridique des cultes, des congrégations et des missions… On sait avec quelles compétences acquises et dans quel esprit. Il dut abandonner ses fonctions au Quai d'Orsay en 1946, mais, nommé parallèlement maître des requêtes au Conseil d'État en 1929, élevé au rang de conseiller en 1940, il continua de s'y occuper, au sein de la section de l'Intérieur, des affaires religieuses jusqu'à sa retraite en 1953. Il meurt le 25 octobre 1958. Il veillera discrètement sur Loisy jusqu'à la fin, le conseillera sur le tri et le sort de ses papiers qu'il déposera à la Bibliothèque nationale, fera aménager sa tombe.

À la veille de l'armistice, le panorama politique que Loisy dessine dans ses carnets témoigne d'une vision assez lucide des affaires de ce monde.

Il ne me paraît pas du tout certain que la guerre dont nous sortons doive être suivie d'une grande paix intérieure chez les peuples qui y ont pris part. Les États-Unis se retrouveront beaucoup plus forts et plus *unis* qu'avant; c'est une puissante garantie pour l'avenir de la civilisation, mais ce n'est pas tout. L'empire anglais semblera consolidé, même agrandi, et il continuera de supporter allègrement le poids de la vie, nonobstant certaines difficultés intérieures et le petit ennui de voir la prépondérance passer aux États-Unis. Mais la Russie sera longtemps avant de sortir de sa décomposition. Mais les nouveaux États de l'Europe centrale, Pologne, Bohême, Hongrie, seront des *problèmes*. Et l'Allemagne, quelque tournure que prenne son évolution, sera un sujet de perplexité. Dans tous les pays européens, la question sociale viendra au premier plan, et avec la question sociale la prédominance des questions économiques et du côté matériel de l'existence. Sans compter qu'après le long malaise et les terribles épreuves de ces dernières années, l'on peut s'attendre à une terrible poussée de matérialisme. La guerre a suscité en beaucoup de gens l'appétit de l'argent. La fin de la guerre provoquera chez d'autres et aussi chez les profiteurs l'appétit de la jouissance.

Une lueur d'espoir cependant dans cet horizon assez sinistre. Elle correspond, selon Loisy, à une relève des leaders spirituels. L'impérialisme ecclésiastique s'est définitivement discrédité dans l'épreuve. À ce propos, on peut s'étonner du jugement sévère porté sur l'attitude de Benoît XV : avec le recul du temps, son appel de 1917 suppliant les belligérants d'arrêter ce massacre inutile – *inutile strage* – semble la voix même de la raison. Mais il fut fort mal reçu par les Français, catholiques compris, et Loisy n'était pas immunisé contre les passions, ou les illusions, d'alors. La papauté, juge-t-il dès le début du conflit, se proclame impartiale, mais elle n'est que neutre ; or la neutralité n'est pas une vertu morale, au contraire de l'impartialité, qui porte sur la moralité des actes un jugement équitable et l'énonce. Cette magistrature morale que Rome a laissé tomber, c'est le président Wilson qui l'a relevée en prononçant les paroles « qui ont déterminé pour l'avenir le sens humain de la guerre mondiale, les conditions de la paix humaine, les bases de la société des nations ». Le 2 décembre 1918, Loisy ouvre donc son cours au Collège de France par une leçon sur *La Paix des nations et la religion de l'avenir.*

À l'heure présente, remarquons-le bien, société des nations et religion de l'humanité ne sont encore qu'un idéal assez lointain, qu'il ne suffit pas de définir pour le réaliser. C'est beaucoup déjà de l'avoir conçu ; c'est mieux encore d'y aspirer, de le sentir vivant en nous-mêmes ; le tout sera de l'accomplir, de le rendre vivant dans le monde. Cet accomplissement ne sera pas l'œuvre d'un jour, ce sera l'œuvre de l'ère nouvelle qui maintenant commence.

Cet idéal d'une paix universelle des nations devrait être « comme la religion de l'avenir, étant la religion de l'humanité ».

7

« QUE SONT MES AMIS DEVENUS ?... »

Sur la vie quotidienne de Loisy au début des années vingt, nous disposons d'un témoignage d'un intérêt exceptionnel. En 1917, un jeune homme de dix-huit ans, qui préparait son baccalauréat de philosophie dans un collège de province, était préoccupé par les problèmes religieux ; ayant lu quelques livres de Loisy, il eut l'audace de lui écrire. Celui-ci répondit par retour de courrier, sur le mode le plus affectueux – « mon cher ami, j'allais dire mon cher enfant » – à cette lettre qui l'avait « vraiment touché ». « C'est par une intuition de foi, non par un effort particulier de la raison, que nous sommes convaincus d'être, si nous cherchons le vrai et pratiquons le bien, dans le courant le plus noble de la vie universelle. » Il inaugurait ainsi des rapports amicaux, qui devaient durer jusqu'à sa mort, vingt-trois ans plus tard, avec Raymond de Boyer de Sainte-Suzanne. Engagé ensuite dans une carrière diplomatique, ce jeune ami fut amené à de longs séjours à l'étranger ; ils entretinrent une correspondance régulière, que nous aurons l'occasion de citer. Mais Sainte-Suzanne le vit aussi souvent seul à seul au cours de ses séjours parisiens. Il nous a laissé un portrait de Loisy alors qu'il abordait la soixantaine, « de taille moyenne, les yeux clairs, le front vaste et dégarni, le visage allongé par une petite barbe blanche », toute sa personne dégageant « une impression d'austérité tempérée par une courtoisie méticuleuse mais qui, si prévenante soit-elle, écartait d'emblée toute tentation de verser dans la familiarité ».

Il détaille surtout sa manière de vivre, « d'une austérité impressionnante, quasi ascétique ». Loisy vivait alors dans un appartement d'un immeuble au 4 bis de la rue des Écoles, à deux pas donc du Collège de France.

Selon la saison, il se levait à trois ou quatre heures du matin, procédait à sa toilette et se mettait au travail. [...] Il s'interrompait pour le petit déjeuner et reprenait sa tâche jusqu'à midi. Après son repas, il faisait une longue promenade à pied dans Paris, toujours seul (il n'aimait pas parler dans la rue) et toujours la même, qui le conduisait au Jardin des Plantes, proche de chez lui, et dans le quartier de la Santé. De retour rue des Écoles, il lisait des livres ou des revues en rapport avec ses travaux, et *Le Temps*, ou relisait des ouvrages qu'il aimait. C'était son délassement, avec les visites que lui faisaient ses amis. Il les recevait volontiers l'après-midi, en évitant d'accueillir deux personnes à la fois. Puis venait le dîner, auquel j'ai parfois assisté. Le menu en était, je crois bien, invariable. À cette heure-là, la femme de ménage était partie depuis longtemps. Il faisait réchauffer lui-même une panade, en prenait une assiettée copieuse, puis, avec un bon morceau de pain, s'offrait une petite cuillerée de confiture de cassis. Comme boisson : du tilleul. Après quoi il allait se coucher, donc très tôt. On ne peut pas imaginer une vie plus sobre, plus laborieuse, plus ordonnée[1].

Unique lecture de « délassement », c'est-à-dire ne se rapportant pas à des sujets religieux, depuis cette modeste « débauche » de livres profanes qu'il avait faite, dans les lointaines années, lors de sa convalescence à Cannes, le *Télémaque* de Fénelon, qu'il relisait chaque année et qu'il mettait bien au-dessus des « effets de trombone » de Bossuet : « *Calypso ne pouvait se consoler du départ d'Ulysse.* Cela est court et l'on est tout de suite dans le cœur de Calypso. » Quant à ses promenades, s'étant un jour écarté de son itinéraire habituel, il remarqua une église qui lui parut intéressante et s'en informa : c'était Saint-Germain-des-Prés.

Volet complémentaire, pour sa vie à Ceffonds cette fois, telle qu'il la décrit dans une lettre de 1922. Les circons-

1. *Loisy entre la foi...*, p. 20.

tances il est vrai sont exceptionnelles : sa cuisinière est absente, malade, il n'a pu trouver personne pour la remplacer et a dû pourvoir lui-même à la cuisine et au ménage.

J'ai trouvé cela fort intéressant ; j'ai pu voir combien il est important et profitable de passer une journée entière sans ouvrir un livre. Je sais quelle chose exquise et bienfaisante à un estomac rebelle est un bouillon de légumes bien conditionné. Il m'a fallu le faire moi-même pour le savoir. Je me levais à trois heures du matin. À quatre heures, ma chambre et ma toilette étaient faites. J'ouvrais toutes les portes et fenêtres pour donner de l'air à ma maison ; c'est la forme la plus hygiénique du nettoyage, quand même elle laisserait un peu de poussière sur les meubles. De quatre à six, exercice de jardinage. Ensuite, allumage du fourneau, petit déjeuner, préparatifs pour le grand déjeuner et le fameux bouillon de légumes. La pâtée mijotant doucement, je lisais *le Temps* qui m'arrive entre sept et huit heures ; la petite bonne de ma sœur m'apportait mon pain et les provisions indiquées par moi la veille ; elle allait chercher mon lait et l'eau potable (mon puits étant mauvais) ; tout cela étant réglé pour le mieux, je retournais au jardin pour ramer pois et haricots, sauf à revenir de temps en temps voir si le feu n'allait pas trop vite ni trop lentement. À onze heures, en dressant la table, on goûte le bouillon, on fait griller une côtelette, et l'on se sert un repas que ne trouble la présence d'aucun autre être de notre espèce. Cérémonial analogue l'après-midi jusqu'au dîner, sauf que, vers une heure, je change ma livrée de service pour un costume plus séant et je me transporte à Montier-en-Der pour voir un instant ma sœur et ses deux filles, dont l'une est actuellement assez souffrante. Le seul événement fâcheux de cette semaine, une des moins fâcheuses de mon existence, a été que deux rossignols, qui me régalaient d'une sérénade à l'aube et au crépuscule ne se sont pas fait entendre le soir de l'Ascension ni depuis. Est-ce le soin de leur nid qui les absorbe ? Je craindrais plutôt que des pies que j'ai entendues jacasser jeudi dans mon bosquet n'aient détruit leur bonheur. Et j'attends avec impatience la pluie du ciel, car la terre devient trop sèche et les arrosages ne font pas compensation[1].

1. *Ibid.*, p. 207-208.

Dans cette décennie, quelques-uns de ceux qui avaient accompagné son parcours vont disparaître. Duchesne mourut le premier, le 21 avril 1922, peu de jours après le couronnement d'un érudit de ses amis, préfet de la bibliothèque Ambrosienne, puis de la Vaticane, Achille Ratti, sous le nom de Pie XI. Rappel, pour Loisy, de rapports qui furent souvent tendus, avec un homme qu'il ne parvint jamais à vraiment comprendre. L'occasion lui fut bientôt donnée d'y réfléchir plus à fond et d'en débattre. Le 19 avril de l'année suivante, Henri Bremond était élu au fauteuil de Duchesne à l'Académie française et devait donc prononcer l'éloge de son prédécesseur[1]. Situation piquante : un prêtre « suspect » allait célébrer un autre « suspect » – ils avaient subi les foudres de l'Index à quelques mois d'intervalle et le souvenir en était encore frais –, tous deux ayant d'ailleurs la réputation d'esprits caustiques, et, pour le principal intéressé, entreprise fort délicate. La rédaction du discours de réception va être laborieuse. Bremond entreprend une longue enquête et il s'adresse d'abord tout naturellement, parce que ce sont des amis proches et les deux hommes qui ont le plus longtemps et le mieux connu Duchesne, à Loisy et à Hügel. Or ils vont lui proposer, avec une égale conviction, deux images antagonistes. Le baron admettait que Duchesne écrivait « comme un Voltaire admirablement informé » (reprenant d'ailleurs une ancienne formule de Loisy) et qu'à considérer telle page de ses écrits ou telle lettre privée, on pourrait le prendre pour un incroyant. « Mais aucun homme n'est parfaitement logique avec lui-même, Duchesne moins que tout autre. J'ai en tête une longue liste de faits de sa vie qui sont absolument inexplicables, à moins de reconnaître simplement que cet homme était un croyant, et même un croyant très simple, très absolu, très enfantin. » À Loisy au contraire, il était toujours apparu comme « un agnostique prudent ». Au lendemain de la mort de l'historien, il avait

1. On trouvera des détails et des textes complémentaires sur cette affaire dans « Deux historiens à l'Académie », *Revue d'histoire ecclésiastique*, 1983, p. 34-64 et 373-396.

d'ailleurs soutenu une longue discussion épistolaire avec Hügel et resta ferme sur sa position : « Duchesne fut un grand savant. Ce fut un grand historien. Ce fut un bon écrivain. Il était né de l'Institut. Son éloge appartient aux Académies. L'Église, au fond, sait bien qu'elle n'a pas à se parer de lui. » Il accordait que Duchesne avait gardé un goût assez vif pour la liturgie et ses fonctions, qu'il possédait « le don des larmes », qu'il a donc pu retenir « certains éléments de religiosité bretonne » qui ont reparu et se sont développés à Rome « non seulement pour l'opportunité de la chose, mais sous l'influence du milieu, des événements, de la vieillesse ». Ce qui n'affecte pas le jugement de fond.

> Quant aux convictions profondes, j'accorderai, si l'on y tient, que, manquant presque totalement de philosophie, il pouvait bien n'être pas très ferme dans ses opinions négatives en matière de religion ; mais je retiendrai qu'à raison de la même légèreté d'esprit il ne devait pas être aussi consistant que vous le faites dans ce que vous appelez sa foi bretonne. On ne peut pas être à la fois Voltaire et Pascal.

Élargissant son enquête, Bremond se heurta aux mêmes témoignages contradictoires et également assurés. Un thème revient cependant avec constance dans les souvenirs les plus opposés : celui du « curé breton ». « Ces Bretons, écrit un correspondant, mettent tout l'échafaudage scientifique autour de leur église, mais l'église est dessous. » C'est peut-être la clé de ce personnage complexe, et qui permettrait de saisir l'incompatibilité de caractère avec Loisy, ce malaise qui n'a cessé de peser sur leurs rapports. Ce dernier ne pouvait concevoir un esprit ainsi stratifié, une cloison quasi étanche entre le savant et l'homme de foi, alors que tout son effort avait été de tenter de les unifier. Toujours est-il qu'avec ces données, Bremond rédigea une première version de son discours qui effraya les amis auxquels il l'avait soumise et il en estompa les discrètes hardiesses. « Il existe, conclut tristement Loisy, un genre de vérité spéciale pour académies. »

La santé du baron von Hügel, qui n'avait jamais été florissante, se dégradait lentement. Il n'en continuait pas moins de travailler à un dernier grand ouvrage, *La Réalité de Dieu* (les chapitres qu'il eut le temps d'achever seront édités après sa mort). Le 18 mars 1924, une attaque le laissa inconscient pendant trois heures et on lui administra l'extrême-onction. Il ne s'en remit que très partiellement, parvenant cependant par intermittences à continuer la dictée de son livre. La dernière lettre qu'il écrivit à Loisy, le 30 août, revenait sur les œuvres récentes de celui-ci et y regrettait « un grand contraste entre la précision et le riche détail du premier paysage » – tout ce qui relevait de la démarche historico-critique – et « le vague et la pauvreté – relative – du second paysage » – pour l'épistémologie et la philosophie. En post-scriptum, il félicitait son ami qui venait d'être fait chevalier de la Légion d'honneur, non sans réticences pour cette « confération [*sic* pour collation] d'honneurs de l'État »; heureusement, se consolait-il, elle a été « combien peu emportée et impulsive », c'est-à-dire trop tardive pour compromettre le bénéficiaire de cette grâce laïque. Friedrich von Hügel mourut au matin du 27 janvier 1925.

Il avait pris ses distances – sur le plan des idées du moins, car il tint à garder des relations cordiales – avec ses anciens amis. Il s'en était longuement expliqué dans une lettre à un professeur de Lausanne, René Guisan, qui l'avait interrogé sur le modernisme. Ce terme, selon lui, avait couvert « deux orientations fort différentes, à vrai dire irréconciliables ». Sur le moment, on avait pu les confondre, mais la suite avait bien fait apparaître ce qui séparait une conception de la religion comme « phénomène purement intrahumain, non évidentiel au-delà des aspirations de la race humaine » et la religion conçue « comme essentiellement évidentielle, métaphysique, l'effet en nous de plus que nous, de plus que n'importe quels faits et désirs purement humains ». Lui-même s'inscrivait, évidemment, dans cette seconde orientation. Mais il rattachait à peu près tous les autres à la première. Tyrrell qui, bien qu'il fût « par vocation un mystique », s'était laissé aller « à la poussière et la fièvre des rationalismes et des controverses bruyantes ». De façon plus surprenante, il avouait avoir été « profondément aidé à bien [s]'épanouir, précisément en ce catholicisme de [s]on âme, par le luthérien Troeltsch et le calviniste Kemp Smith » contre ses « toujours bien aimés amis », les catholiques Blondel et Laberthonnière. Mais c'est Loisy surtout qui était visé.

> Or *Monsieur Loisy* [les mots sont soulignés dans l'original, pour montrer sans doute qu'il ne s'agit plus de *l'abbé* Loisy] – mon ami toujours très cher – je le dis avec détresse et amertume d'âme – a perdu – je prie Dieu seulement pour un temps – ce sens évidentiel, réaliste, métaphysique – ce sens de plus que notre pensée, de plus que tout ce tout juste que nous expérimentons en la Religion. Et cela fait que, pour mon âme, je ne trouve plus de nourriture en ses écrits récents ; cela ne fait appel qu'à mon activité d'érudit – ce qui, comparée à l'autre, est bien peu de chose...

Albert Houtin maintenait des rapports apparemment amicaux avec Loisy. Il vivait dans des conditions difficiles. Sa situation modeste « d'expéditionnaire ou de bureaucrate à tout faire » au Musée pédagogique s'était un peu améliorée quand on l'avait nommé « conservateur-bibliothécaire », lui attribuant un petit logement. Il continuait, sur un rythme soutenu, ses publications d'histoire religieuse contemporaine, avec une préférence marquée pour les marginaux et les épisodes croustillants : une série sur Hyacinthe Loyson, un ancien carme, prédicateur réputé, qui avait rompu avec Rome à la veille du premier concile du Vatican, s'était marié et avait tenté de fonder une Église catholique non romaine ; une étude sur *Une grande mystique, madame Bruyère, abbesse de Solesmes* (pour justifier le titre, jugeait Loisy, il faudrait prêter aux grands mystiques « beaucoup d'orgueil, d'ambition, avec une assez forte part d'illusion volontaire et de simulation ») ; *Un prêtre symboliste, Marcel Hébert*, et le premier volume de son autobiographie *Une vie de prêtre*. Il collaborait d'autre part avec Aulard, l'historien de la Révolution française, pour l'édition de documents et donnait de nombreux comptes rendus à des revues spécialisées.

En octobre 1925, une congestion pulmonaire fit craindre pour sa vie. Il ne se remit que très lentement et les crises cardiaques se succédèrent. Pendant tout cet hiver, Loisy lui rendit régulièrement visite. Le 18 mai 1926, succombait des suites d'une opération le directeur du musée, avec lequel il entretenait d'excellentes relations, Lucien Herr, qui avait été l'illustre bibliothécaire de l'École normale. Houtin fut nommé pour lui succéder, mais il mourut, d'une dernière crise cardiaque, dans la nuit du 27 au 28 juillet.

Aux portes de la mort, il avait procédé au quatrième et dernier de ce qu'il appelait ses « inventaires », jalons d'une évolution vers un scepticisme absolu. Il s'y disait dépris de la dernière de ses illusions, qui le tenait encore dans l'étape précédente, « l'illusion du théisme », qui lui apparaissait maintenant comme « un débris de théologie, un système aussi faible, aussi discutable que les systèmes métaphysiques ». Il ne voyait plus dans la religion que « le rêve, la psychasthénie, l'illusion, le mensonge et l'imposture ». Sa sévérité s'étendait à ceux qui préconisaient une religion nouvelle, Loisy en particulier – « il n'y croit guère, c'est un tacticien ». Il ne montrait pas plus d'indulgence pour « les purs savants, les purs philosophes », comme les prétendus libres-penseurs ou les socialistes qui se proclament « collectivistes ».

Loisy vit bientôt se confirmer les soupçons qu'il avait nourris sur les sentiments de Houtin à son égard. L'exécuteur testamentaire de ce dernier publia, sous le titre *Mon expérience. II. Ma vie laïque*, la suite de l'autobiographie et une série de « documents et souvenirs », parmi lesquels des « silhouettes d'ecclésiastiques » auxquelles l'éditeur avait gardé l'anonymat mais qui étaient aisément identifiables. Loisy y était silhouetté sous le titre « Chez un tacticien ». Houtin évoquait ses souvenirs de disciple allant visiter « un maître vénéré » dont il avait lu et admiré les ouvrages. « Sa gravité et certaines formules dévotes lui donnaient l'auréole de la sainteté. » Tout, dans le décor, l'ordonnance des pièces, était calculé pour montrer « que le maître de céans était un prêtre pieux et, malgré la hardiesse de ses idées, complètement en règle avec les observances de l'Église ; bien plus, fidèle disciple des plus grands esprits ». Une mise en scène fascinait en particulier ses visiteurs ; elle se jouait l'hiver, au coin de la cheminée. Au milieu de la conversation, il « se levait lentement, s'agenouillait modestement devant le feu, prenait son tisonnier, faisait tomber longuement et soigneusement la cendre. Il suspendait une ou deux fois l'opération pour dévisager son interlocuteur, comme s'il eût bu ses paroles, en réalité pour l'hypnotiser d'un regard éclatant et scruter le degré de sa surprise et de son admiration. Puis il se relevait avec la plus grande simplicité. Le spectacle émut jusqu'aux larmes plusieurs de ses visiteurs[1]. » Le regard qui prétend interpréter le calcul, dénoncer la comédie, est pour le moins prévenu.

Dans une note rédigée en 1909, restée longtemps inédite et que Loisy n'a pu connaître, Houtin situe et explique le brusque refroidissement de ses sentiments. Au début de 1907, Loisy, dont la santé paraissait profondément ébranlée et dans l'éventualité d'un décès prochain, lui avait demandé de rédiger sa « notice biographique ». À cette fin, il lui confia des documents, en particulier son journal pour la période de l'Institut catholique. « Il va de soi, commentera-t-il beaucoup plus tard, que j'avais alors en lui toute la confiance que suppose une semblable mission, et je suis d'ailleurs persuadé que lui-même, en ce temps, ne songeait aucunement à tirer de ces notes intimes et de ses relations avec moi depuis 1901 la matière de publications diffamatoires. » Sur ce dernier point, il se trompait, non peut-être sur les intentions de Houtin dans l'immédiat, mais sur la façon dont il avait compris ses confidences et sur l'effet produit. Des explications de Loisy, il avait conclu que celui-ci ne croyait « ni en un Dieu personnel » ni en un Divin impersonnel, ni en une vie future: « rien de surnaturel, rien de spirituel n'existait pour lui ». Cette « révélation » le « remplit d'indignation » et il fut « tenté de rompre avec lui ». S'il ne le fit pas, explique-t-il, c'est que Loisy « avait dupé nombre de gens plus intelligents » que lui. On peut penser aussi qu'il appréciait cette position privilégiée pour un observateur des « pieuses impostures ».

1. *Mon expérience II*, p. 155, 158, 159-160.

On ne mettra en doute ni la bonne foi de Houtin ni la sincérité du scandale qu'il éprouva alors. Il est clair cependant qu'il reçoit les confidences de Loisy dans ses propres structures mentales. Or celles-ci fonctionnent sur un mode rigoureusement binaire : la foi traditionnelle d'un côté, de l'autre l'incrédulité ; toute pensée qui s'écarte de la première relève de la seconde, et prétendre le contraire, vouloir introduire des nuances, des moyens termes n'est qu'hypocrisie tactique. Les tâtonnements dans la nuit qu'avouait Loisy, son refus de toute conception anthropomorphique du divin, le sentiment aigu de l'impuissance de l'esprit humain à épuiser le mystère de l'univers et de l'histoire – tout cela est parfaitement étranger au tempérament intellectuel de Houtin. Curieusement, pour des raisons toutes différentes, sa réaction est symétrique de celle de Friedrich von Hügel quand il déplorait l'absence chez Loisy de sens du Transcendant.

Mais une autre information va mettre celui-ci en alerte. En 1907 déjà, il avait été peu satisfait quand Houtin lui avait soumis les premiers linéaments d'une notice biographique et c'est, en bonne partie, pour rectifier une image qu'il jugeait déformée qu'il avait écrit *Choses passées*. Après la mort de Houtin, il apprit que le projet avait été poursuivi et qu'il avait laissé un manuscrit en état d'être publié. Il put même lire, dans le volume posthume *Ma vie laïque*, un chapitre (celui que nous avons cité plus haut, « chez un tacticien ») qui donnait le ton : ce serait un témoignage à charge, et assez virulent. En fait, Houtin avait mené son récit jusqu'à la guerre de 1914-1918 et son exécuteur testamentaire, Félix Sartiaux, le compléta dans le même esprit en s'attachant surtout à l'analyse critique de l'œuvre ; mais l'ensemble resta inédit et ne sera publié par Émile Poulat qu'en… 1960. Mais, comme l'écrit ce dernier, Loisy se sentit « menacé comme par une épée de Damoclès » par ce manuscrit inconnu et c'est pour aller au-devant de cette menace qu'il entreprit la rédaction de ses *Mémoires*. Il nous faudra y revenir.

Toujours est-il que le bilan de ces longues amitiés pouvait paraître déprimant. Il en restait une autre, plus discrète, mais qui va aller en s'affirmant ces années-là. L'ancien auditeur de ses leçons des Hautes Études au début du siècle, le correspondant fidèle avait conquis la notoriété littéraire. C'est en 1916, nous l'avons signalé, qu'Henri Bremond publiait les premiers volumes de son *Histoire littéraire du sentiment religieux en France depuis la fin des guerres de Religion jusqu'à nos jours.* Du XVIIe siècle, ils bouleversaient l'image reçue, ils renouvelaient de fond en comble le paysage historique. Le « Grand Siècle » jusqu'alors, dans le domaine religieux comme dans le domaine littéraire, c'était le siècle de Louis XIV, l'âge classique, Port-Royal et Bossuet parallèlement à Racine et à Molière. Un classicisme religieux, contemporain de l'autre et caractérisé comme lui par la mesure et la raison, religion solide, sérieuse, austère, qui assurait avant tout une robuste armature morale. Bremond va montrer que ce fut en effet un grand siècle, mais un siècle mystique dont le foyer se trouve dans un premier demi-siècle – l'époque de Henri IV et de Louis XIII – pionnier et conquérant, alors que l'âge « classique » – le règne de Louis XIV – correspond à une phase de crise et de lent déclin. D'un tome à l'autre ressuscitait, autour de quelques « maîtres » pour la plupart négligés, méconnus ou mal compris, tout un peuple (y étaient représentés toutes les conditions sociales, tous les tempéraments, toutes les provinces) de spirituels.

Le volume initial, prélude à l'ensemble, *L'Humanisme dévot*, évoquait sur une large période (1580-1660) « l'atmosphère spirituelle que nos mystiques ont respirée », cet optimisme chrétien, hérité de la Renaissance, qui préparait l'élan mystique. Les suivants déployaient une série de métaphores militaires. Première phase (1590-1620), *L'Invasion mystique*: sur la lancée de la réforme initiée par le concile de Trente, sous l'influence de courants spirituels venus d'Italie et d'Espagne (l'Espagne de Thérèse d'Avila), les mystiques « sortent de terre de tous les coins et inondent le terrain ». Venait ensuite (1620-1650) *La Conquête mystique*, l'exploitation de la percée et l'occupation du terrain; il fallut pour la traiter quatre volumes, parus de 1920 à 1922, car l'élan s'était divisé en « écoles », avec de sensibles nuances: Port-

Royal, jésuites, et « l'École française » de l'Oratoire et de Saint-Sulpice… Le siècle devait s'achever sur *La Retraite* [ou *La Déroute*] *des mystiques*, avec un volume qui aurait fait « le procès de la sécheresse moralisante, antimystique, jansénisante du *siècle de Louis XIV* ».

Entre-temps Bremond avait donc été élu à l'Académie française. Chargé, le 24 octobre 1925, du discours traditionnel à la séance publique des cinq Académies, il choisit comme thème « la poésie pure ». « Tout poème doit son caractère proprement poétique à la présence, au rayonnement, à l'action transformante et unifiante d'une réalité mystérieuse que nous appelons poésie pure. » *Pure*, parce que indépendante du sens, du contenu intellectuel. Le discours déclencha une querelle qui agita pendant des mois le petit monde littéraire et l'on disputa gravement dans les journaux sur le pouvoir mystérieux de vers comme « la fille de Minos et de Pasiphaé » ou « Et les fruits passeront la promesse des fleurs ». Bremond se jeta lui-même avec passion dans la bataille, multipliant articles et livres, donnant libre cours à sa verve polémique. Au risque d'être accusé de frivolité et, grisé par cette nouvelle gloire toute mondaine, de négliger sa grande œuvre qui sembla en effet rester en panne pendant six années.

En réalité, il restait fidèle à ses préoccupations les plus profondes, celles mêmes qui étaient à l'origine de l'*Histoire du sentiment religieux.* Quelques phrases du discours déjà le suggéraient, quand il définissait la poésie, en son essence, une « magie recueillante, comme parlent les mystiques, et qui nous unit à une quiétude où nous n'avons plus qu'à nous laisser faire, mais activement, par un plus grand et meilleur que nous »; ou quand il concluait (c'était les derniers mots) que la poésie, comme tous les arts, aspire « à rejoindre la prière ». Dès 1926, *Prière et poésie* précisément, reprenait d'anciennes pages qui devaient d'abord servir d'introduction à la grande *Histoire*. La poésie offre « l'image et déjà l'ébauche des états mystiques ». De celle-là – et plus généralement des formes dites « profanes » de l'émotion esthétique – à ceux-ci – le sentiment religieux à sa pointe extrême –, il y a continuité, différence de degré et non de nature. « Toutes ces expériences ineffables nous montreraient obscurément et nous donneraient l'Invisible même, l'Ineffable, l'Être des êtres qui, à notre insu, malgré nous souvent, nous envelopperait et nous pénétrerait de sa présence. » À l'époque déjà où il avait en chantier l'*Histoire du sentiment religieux*, il confiait à un correspondant son ambition d'y montrer « que nous sommes tous mystiques, comme tous poètes, tous inspirés, et de ramener tout à cette rencontre, ou longue et constante (chez les mystiques proprement dits), ou rapide (chez tout le monde) avec Dieu ». Le mysticisme, affirmait-il encore, « est le grand fait religieux auquel tout se rattache ». *Tout*, en ce sens qu'il est à la source des diverses religions, et non le privilège du seul christianisme, mais aussi qu'il déborde de toute part le champ du « religieux ». « Il n'y a presque plus de mystère : au mieux, il n'y en a pas plus que dans l'amour humain, et c'est *le même*. La minute – ou l'heure – d'amour vrai est une minute mystique où les actes cessent, où les âmes se fondent l'une dans l'autre. Qu'ajoutons-nous à cela, nous autres historiens du mysticisme ? Simplement que, dans cette perte apparente de soi-même en l'objet aimé, en réalité et on se retrouve – son vrai moi – et on touche Dieu. » On voit la portée, et l'audace, de ce *panmysticisme* : l'expérience mystique est en quelque sorte un phénomène – sinon *le* phénomène – constitutif de l'humanité, et à ce titre un phénomène *naturel*.

Or Loisy, donnant, en 1924, une seconde édition de *La Religion*, substitua à la préface initiale un long avant-propos (reprise de la leçon d'ouverture au Collège de France, le 1er décembre de l'année précédente) sur le mysticisme. Celui-ci « est, en toute vérité, l'âme de la religion et de la morale ». Il n'y a pas lieu de le considérer comme le reliquat d'une mentalité prélogique, qui s'éteindrait avec les progrès de la raison et de la connaissance scientifique. Considération mystique et considération rationnelle ne sont point antithétiques, mais complémentaires. « Les deux constitueraient ensemble la mentalité humaine, étant en rapport avec le double aspect qu'ont pour nous les choses, l'invisible et le visible » ; toutes deux « également légitimes, étant fondées en réalité, c'est-à-dire sur la nature des choses et sur notre propre nature ».

> La nature de l'homme est plus profonde que sa faculté de critique rationnelle, et c'est du fond de la nature humaine que procèdent, avant tout rudiment de science méthodique, non seulement la faculté, le besoin et le désir de connaître, mais avec et dans cette faculté même, ce besoin et ce désir, le sens mystique, le sens de l'esprit, fondement de la connaissance, source de la religion, de la morale et de l'art, racine de l'humanité[1].

Tout en se refusant à « canoniser toutes les manifestations du mysticisme religieux », il souligne, en se référant aux « beaux livres de M. Henri Bremond », que les mystiques chrétiens ne donnent qu'assez rarement « une impression d'extravagance ou de faiblesse d'esprit ».

> En général, les plus grands font peu de cas des visions, ils les critiquent eux-mêmes et, à l'occasion, s'en défient; ils n'ont pas le goût des spéculations théologiques, les estimant fort au-dessous de leur objet; ils déclarent ineffable le divin, leur extase ne les absorbe pas dans une idée mais plutôt dans une intuition sans limites; ce qu'ils en rapportent est un sentiment de confiance et d'amour; ils n'en peuvent d'ailleurs parler que d'après les croyances de l'Église qui leur sont familières et dont ils sont les premiers à proclamer l'insuffisance théorique. Ainsi le mysticisme, à son plus haut degré, qui est aussi sa plus simple expression, n'est pas la vision sensible ni la révélation conceptuelle d'un au-delà céleste; c'est le sentiment intuitif d'un au-delà présent, d'un infini où s'absorbe momentanément la conscience du moi, pour se retrouver ensuite agrandie, affermie, meilleure; c'est, au plus haut sommet du mysticisme chrétien comme dans le nirvana bouddhique, autant dire la désaffectation de l'animalité dans l'homme, du sensualisme égoïste et intéressé, au profit de l'humanité, de l'esprit désintéressé et dévoué[2].

Bremond manifesta aussitôt son enthousiasme, dans une lettre du 10 avril 1924.

1. *La Religion*, p. 48.
2. *Ibid.*, p. 36-37.

Cette introduction est vraiment un morceau capital qui devrait être et qui sera, j'espère, *epoch-making*. Je la lis et relis avec beaucoup d'admiration, certes, mais aussi avec la joie de tout assimiler. Le rapprochement avec l'esthétique formule à merveille mes idées confuses. Et tout cela si lumineux qu'on s'étonne que tout le monde ne l'ait pas dit avant vous.

À dire vrai, il est difficile de faire la part de chacun dans cette réflexion commune. On vient de voir que Loisy reconnaissait discrètement ce qu'il devait à l'*Histoire*. Plusieurs années auparavant, le 28 novembre 1919, Bremond soulignait un point qui revient dans l'analyse précédente, que « prise en soi, l'expérience mystique n'est pas d'ordre intellectuel ; qu'elle est même vide de tout contenu proprement doctrinal » et que le travail de construction spéculative n'intervient qu'ensuite, modelé par les croyances du sujet. D'un autre côté, il rumine alors un « volume de *théorie* sur les trois expériences, mystique, religieuse, poétique » et qui se serait intitulé *Emmaüs* ; vous serez, dit-il à Loisy, « pillé sans pudeur et nommé sans périphrase ». L'épisode de la *poésie pure* va orienter ses projets dans une autre direction. Mais l'entente reste totale sur le caractère universel du mysticisme, qu'on ne peut abandonner ni aux théologiens ni aux psychiatres.

Ils s'hypnotisent sur l'expérience des mystiques de haut vol, ou des maniaques [...] Mais je crois que nous sommes dans le vrai en faisant l'expérience mystique aussi large que possible, et connaturelle presque, sous une forme ou sous une autre, à l'homme. L'expérience poétique présente les mêmes caractères, et l'expérience morale, comme vous l'avez admirablement montré. Il y a Homère, et tout en bas de la même échelle, la bergère qui chante : « Sur la plus haute branche le rossignol chantait. »

Cette préface est capitale pour saisir la pensée religieuse de Loisy. Il a toujours affirmé que cette pensée était restée la même dans sa substance. Peut-on cependant observer ici, sinon un infléchissement marqué, du moins comme une inflexion nouvelle ? Au plus fort de la crise, de la condamnation de *L'Évangile et l'Église* aux lendemains de l'excommunication, dominait l'allergie au « régime intellectuel dans l'Église ». Dans la décennie suivante, c'est la dimension sociale qui semble passer au premier plan avec la « religion de l'humanité ». Désormais et jusqu'à la fin, il est surtout soucieux de marquer ce qui demeure de proprement religieux dans cet itinéraire qui l'a conduit (c'est le titre d'une courte notice autobiographique qu'il rédige alors) « de la croyance à la foi ». Il serait excessif, et injuste, de dire qu'il a toujours pensé *contre* ; mais il a toujours éprouvé le besoin de se définir, de sauvegarder l'originalité de sa pensée en prenant ses distances – de la théologie scolastique et de l'exégèse dévote d'abord, du rationalisme et du pur agnosticisme enfin.

Autre signe de cette préoccupation : il avait décidé, comme le permettait le règlement du Collège de France, de désigner un suppléant à la rentrée de 1926, pour se consacrer entièrement à ses travaux ; il ne reprendra cet enseignement, selon la tradition, que la dernière année avant sa retraite, en 1931. À la surprise de beaucoup, il choisit Jean Baruzi, qui venait de soutenir et de publier sa thèse sur *Saint Jean de la Croix et le problème de l'expérience mystique*[1]. « Philosophe indépendant », comme il se définissait lui-même, qui ne se reconnaissait pas « le droit de [s]e dire catholique sans [s]e déclarer pourtant totalement étranger à l'Église », Baruzi s'interrogeait sur ce qui, dans l'expérience mystique, éclairait le problème métaphysique de la connaissance de Dieu et du rapport à l'absolu. Démarche récusée du côté catholique, ainsi par Maritain : « La contemplation de saints n'est pas dans la ligne de la métaphysique ; elle est dans la ligne de la religion. » Autrement dit, la mystique nous appartient, chasse gardée, elle ne relève pas de l'ordre de la nature mais de la grâce et la seule philosophie ne peut la comprendre. Loisy pensait au contraire que la « psycho-

1. Cette thèse a été rééditée récemment, Salvator, 1999, avec une introduction d'Émile Poulat ; pour la situer, voir, du même et chez le même éditeur, *L'Université devant la mystique*.

logie religieuse » était une « province nouvelle » de la science des religions dont l'exploration commençait à peine (grâce en particulier à Bremond) et que, dans la continuité de son propre enseignement, Baruzi pouvait en toute légitimité scientifique étudier « l'histoire du mysticisme chrétien ou l'histoire générale du mysticisme ».

Parmi les travaux auxquels Loisy voulait trouver la liberté de se consacrer, la rédaction de ses *Mémoires* va bientôt l'accaparer. A joué, comme on l'a vu, le souci de prévenir la menace constituée par la biographie qu'avait laissée Houtin. Autre menace, du front opposé : venait de paraître *Le Modernisme dans l'Église*, première (et longtemps seule) synthèse sur la crise, par Jean Rivière, professeur à la faculté de théologie catholique de Strasbourg, que Loisy considérait comme « un panégyrique et une apologie de la grande école Battifol-Lagrange ». D'autre part, après la mort du baron von Hügel, il avait pu récupérer toutes les lettres qu'il lui avait adressées. Une publication consacrée à la mémoire du disparu (une sélection de lettres, précédée d'un essai biographique, par Bernard Holland) jetait un voile pudique sur leurs relations, considérant que tout ce qui avait trait aux sympathies modernistes de Hügel était « sans intérêt durable », étant donné son évolution ultérieure. Bremond pressait Loisy de rétablir la vérité historique en publiant ses lettres et en résumant celles du Baron. « Je voudrais bien un second volume de *Choses passées*. » L'idée n'est pas mauvaise, notait Loisy, le 21 juillet 1927, « mais il me faudrait du temps et même le classement de toute ma correspondance n'y serait pas inutile. Travail difficile à mener de front avec ceux que j'ai sur le métier. » Il préparait en effet une édition entièrement refondue de sa *Religion d'Israël* et, à sa suite, un livre sur *La Naissance du christianisme.*

Mais ces deux ouvrages ne pourront paraître qu'en 1933. Le 5 décembre, « un accident hémorragique assez grave » l'obligea à ménager ses forces et à renoncer provisoirement aux recherches savantes. Le classement de sa correspondance le fatiguant beaucoup moins, il s'y consacra et y prit un intérêt croissant. Les lettres échangées avec Hügel (pour lesquelles il établit une table analytique) et, dans une moindre mesure, avec Houtin et Mgr Mignot, vont tout naturellement constituer, avec son journal personnel, l'axe des *Mémoires*, qu'il commence ainsi à rédiger à la fin de 1927. La rédaction devait prendre près de deux ans et les trois tomes – quelque dix-huit cents pages grand format – parurent, échelonnés, de la fin de 1930 au début de 1931. Bremond, qui avait suivi de près toute l'affaire, lui écrivait le 26 mars après avoir achevé la lecture de l'ensemble:

> Pardonnez-moi de ne pas vous avoir dit plus tôt que ce tome III, loin de fléchir devant les autres, les dépasse au contraire – ou plutôt les achève, les explique, les *rejustifie*. Dans la mesure où je représente l'homme d'aujourd'hui ou d'après-demain, je ne vois rien de comparable. Ce sont foncièrement nos *Confessions* et, ce qui est mieux encore, la philosophie – et toute pratique – qui s'en dégage. *Si Pergama*... si la religion fondamentale peut être sauvée, nul ne l'aura sauvée comme vous.

Il allait avoir l'occasion de manifester son enthousiasme[1]. Avant même la sortie du dernier tome, le fidèle éditeur de Loisy, Émile Nourry, avait pensé qu'il serait utile de présenter au public une œuvre dont la masse pouvait l'effrayer et le sujet lui paraître bien lointain. Il prit l'initiative de solliciter Bremond. Choix significatif et en quelque sorte surdéterminé: contemporain, à quelques années près, de Loisy et témoin attentif et amical de son parcours, ayant vécu douloureusement la crise moderniste, c'était aussi, au jugement de Nourry, celui qui le comprenait le mieux. Bremond accepta aussitôt le principe tout en demandant un délai pour la réalisation, occupé qu'il était par la rédaction d'un nouveau volume de son *Histoire*. Dès ce moment, il a l'idée du titre, *Un clerc qui n'a pas trahi* – allusion à un livre qui avait fait quelque bruit peu auparavant, *La Trahison des*

1. Sur la genèse du petit livre, on ne peut que renvoyer au dossier critique constitué par É. POULAT dans *Sylvain Leblanc*... Il donne en même temps le texte de l'édition originale, avec sa pagination. Les références renvoient à cette réédition.

clercs de Julien Benda. Les clercs, pour Benda, c'était les intellectuels qui avaient sacrifié le service des idées à des intérêts temporels. Bremond joue sur le double sens du mot: ecclésiastique-intellectuel. Il s'explique aussi sur le titre: les *Mémoires* montrent que Loisy n'a « 1. *pas trahi* sa cause de *savant*; 2. pas trahi l'Église romaine; 3. pas trahi la Religion ». En fait, il semble avoir rédigé très vite, d'un élan, cette brochure d'une centaine de pages. Dès le 1er juin 1931, Loisy reçoit la fin du texte. Il ne manque pas de formuler des observations de détail (leur jugement sur Duchesne en particulier diffère sensiblement). Il rédige aussi un « prière d'insérer » dont il faut citer l'essentiel, car il montre comment il se reconnaît dans la brochure et donne un condensé de son itinéraire.

Sylvain Leblanc a pensé que les *Mémoires* d'Alfred Loisy pourraient être utilement pourvus d'un guide qui aiderait le lecteur à se reconnaître dans l'ample développement de leurs trois volumes, simple et claire analyse de l'évolution psychologique en vertu de laquelle Loisy, prêtre de l'Église catholique, croyant et dévoué, s'en est finalement excommunié lui-même après que l'Église l'eut excommunié. Leblanc a surtout pris à tâche d'expliquer comment Loisy, dégagé dès 1886 du dogmatisme théologique, avait voulu loyalement servir l'Église en tant qu'institution éducatrice de l'humanité dans l'ordre religieux et moral, jusqu'à ce qu'il lui apparût impossible de la satisfaire sans manquer de sincérité. On voit là comment l'Église a provoqué une désaffection que l'excommunication a libérée plutôt qu'elle ne l'a produite. Très finement conduite est l'appréciation du travail de conscience qui s'est accompli surtout de 1886 à 1903, puis de 1904 à 1908, chez les protagonistes du modernisme français [...]. La conclusion, que certains jugeront paradoxale, est que M. Loisy, qui n'a pas voulu trahir la science pour l'Église, n'a pas non plus, bien que détaché de l'Église et du christianisme, trahi la religion.

Mais son principal souci, comme celui de Nourry, est de gommer le « bremondisme », tout ce qui, dans l'écriture ou dans les allusions diverses, pourrait permettre d'identifier l'auteur. Pour la même raison, on choisit un pseudonyme adroitement balancé, *Sylvain Leblanc* : un nom incolore, passe-partout ; un prénom rare, pour éviter la coïncidence avec une personne existante. Il n'était pas question que Bremond signât, ni même qu'il prît le risque d'être reconnu. Sa position restait délicate : l'Église de France se glorifiait volontiers de son œuvre et n'était pas indifférente à la consécration académique, mais n'étaient pas effacés les soupçons anciens ni les meurtrissures plus récentes de certaines ardeurs polémiques. L'Index qui avait jadis frappé *Sainte Chantal* avait paru, peu auparavant, menacer deux tomes (VII et VIII) de l'*Histoire du sentiment religieux : La Métaphysique des Saints* ; Émile Poulat, qui a procuré une édition critique richement documentée de l'opuscule, le dit en termes excellents, Bremond obéit « à un triple sentiment : honorer une amitié, acquitter une dette, servir la justice[1] ». Cependant l'anonymat l'enferme dans une contradiction : le témoignage qu'il veut porter tirerait sa valeur de la personnalité, de l'autorité du témoin, nulles dans le cas de « Sylvain Leblanc ». S'il passe outre, c'est d'abord qu'il écrit pour Loisy lui-même : la brochure s'inscrit dans leur correspondance, comme la lettre la plus longue et la plus argumentée. Le contenu d'autre part lui semble important, en dehors de toute considération d'auteur. Au-delà du témoignage d'amitié, il propose, à propos des *Mémoires,* une lecture de sa vie et de son œuvre, des espoirs partagés, des épreuves communes et de ce qui peut encore les réunir.

La brochure donc veut seulement « donner une idée de cette œuvre monumentale, des richesses qu'elle renferme, des problèmes qu'elle soulève et des leçons qu'elle apporte ». En suivant l'itinéraire tracé dans les *Mémoires*, elle va se développer en trois temps : – la foi menacée ; – la foi perdue ; – la foi libérée. Mais d'abord elle justifie le titre. Loisy est deux fois clerc, comme savant et au sens religieux, où clerc est synonyme de prêtre. « Prêtre désigne ici un homme qui, non content de penser et de vivre religieusement, prêche autour de lui le devoir de penser et de vivre religieusement : un agent de liaison entre l'humanité et le divin, quelles que

1. *Sylvain Leblanc*, p. 8.

soient d'ailleurs les réalités invisibles que l'on fasse entrer dans la catégorie du divin[1]. » Il va ainsi montrer « 1° que M. Loisy est tout ensemble critique et prêtre ; 2° que, ni comme critique, ni comme prêtre, ce clerc n'a jamais trahi ».

Aurait-il réellement *perdu* la foi avant de la retrouver sous une autre forme ? Toute la démonstration repose sur la distinction entre foi *dogmatique* et foi *mystique* que sépare la notion (dont Loisy montre précisément qu'elle est « non seulement insoutenable, mais encore vide de sens ») d'orthodoxie. C'est la première qui très tôt est ruinée, « tout le dogmatique » est tombé, mais « tout le mystique est resté », et d'abord « une foi mystique en l'Église ».

> Il n'a plus la foi, si l'on entend par foi adhésion de l'esprit à des dogmes révélés. Mais il a encore la foi, si l'on entend par là une adhésion profonde, suprarationnelle, mystique en un mot et de tout l'être aux réalités invisibles dont il croit encore que l'Église catholique est la principale et l'indispensable gardienne[2].

La partie consacrée à « la foi perdue » veut résoudre « l'unique difficulté » – ce qui sépare le Loisy de 1904, après la condamnation de *L'Évangile et l'Église,* qui se croit encore et se veut catholique, du Loisy de 1908 qui prend acte de l'excommunication et « reconnaît loyalement que sa place n'est plus dans l'Église ». En 1904, s'il a abandonné la foi traditionnelle et rejeté la notion d'orthodoxie, il croit encore en l'Église romaine comme médiatrice terrestre des réalités invisibles. C'est ce lien qu'il dénouera en 1908. Non pas rupture soudaine, qu'on pourrait dater précisément. « Cela se fit par des coups, des ébranlements successifs, dont nous ne percevons nettement que le résultat final. » Le premier coup fut sans doute le plus irréparable : la remarque de Pie X sur sa lettre de soumission, qu'elle n'avait pas été « écrite avec son cœur ». « Il est des blessures auxquelles l'amour le plus tendre succombe tôt ou tard. [...] L'amour

1. *Ibid.*, p. 118.
2. *Ibid.*, p. 148.

qu'il avait voué à l'Église, l'Église elle-même, en le mortifiant à coups redoublés, s'applique à montrer qu'elle ne le mérite pas et qu'il ne s'adressait qu'à un fantôme. Si l'Église romaine n'a pas de cœur, comment la croire divine[1] ? » À cette déception va cependant survivre « la foi libérée ».

> Ce qu'il veut sauver des faillites successives des religions historiques, et jusqu'ici de la plus haute de toutes, c'est la religion elle-même, à savoir cet élément essentiel et vivant qui se trouve réalisé au moins imparfaitement dans toutes les religions : cette foi, non pas dogmatique, mais proprement religieuse, « force inépuisable [...], support nécessaire de la société, de la moralité, de l'humanité[2] ».

Sous le titre « Alfred Loisy et les modernistes », une dernière partie soulignait que, s'il avait été moderniste et même « le modernisme fait homme », il ne l'était plus car le modernisme n'avait de sens qu'à l'intérieur de l'Église, dans l'espérance d'une réforme, et les modernistes « se flattaient, bien à tort peut-être, mais très sincèrement, que tôt ou tard le Pape d'après-demain penserait comme eux ». Passant en revue les principaux acteurs, « Leblanc » réglait au passage quelques-uns des comptes de Bremond, et de Loisy lui-même. Mais surtout il exaltait pour terminer la figure de Mgr Mignot, « ce très noble clerc qui n'a pas trahi, lui non plus ».

> Moins génial, semble-t-il, que M. Loisy et Tyrrell, mais non moins honnête ; moins pétulant que celui-ci, plus flexible que celui-là ; moins amer ou, pour mieux dire, plus doux que l'un et que l'autre, non seulement avec les personnes, mais encore avec les idées, c'est le moderniste par excellence et par tous ses actes la justification décisive du modernisme[3].

Alors, « de quel droit désespérer d'une Église où se rencontrent de tels hommes ? ». Leblanc cède ici la parole à un catholique de ses amis, « tout bouleversé par la lecture de

1. *Sylvain Leblanc*, p. 152.
2. *Ibid.*, p. 162.
3. *Ibid.*, p. 180-181.

ces *Mémoires* », qui se demande si Loisy ne pourrait pas appartenir encore à cette Église invisible qu'incarnait Mgr Mignot. Il est significatif que Loisy ait tenu à faire placer une note, aux termes soigneusement pesés, pour mettre les choses au point.

> Il paraît, du reste, que M. Loisy, au lieu de se laisser mettre avec Mignot et les modernistes fidèles dans « l'âme de l'Église », serait plutôt disposé [...] à les loger avec lui dans l'âme supérieure de l'humanité, dans le Dieu qui se fait et dans l'Église qui vient; pour lui, la revanche du modernisme ne peut être que dans l'effondrement de l'orthodoxie: et la disparition de l'orthodoxie, c'est aussi bien celle du christianisme traditionnel, le meilleur de toutes les religions – et non seulement du catholicisme – devant survivre dans la religion de l'humanité[1].

Une ultime occasion allait se présenter aux deux amis d'éprouver leur « commune conception du mysticisme » comme principe du fait religieux. Au début de 1932 paraissait le livre longtemps attendu d'Henri Bergson, *Les Deux Sources de la morale et de la religion.* Loisy comme Bremond entretenaient d'excellents rapports avec le philosophe. Il avait été un des « grands électeurs » du premier au Collège de France et, après lecture des *Mémoires*, lui avait écrit une lettre « touchante »: « Ce livre apporte des documents et des renseignements de toute nature sur ce qui aurait pu être un tournant décisif de l'évolution du catholicisme, sur ce qui laissera en tout cas une trace profonde dans son histoire. Il fait mieux comprendre votre œuvre et votre attitude. On voit qu'il s'agissait moins pour vous de faire prévaloir votre opinion sur tels ou tels points – d'ailleurs fort importants – d'histoire ou d'exégèse, que de revendiquer la liberté de la critique ou plus généralement les droits de la science. Vous apportiez un esprit, au moins autant qu'une doctrine. » Et il avait salué *La Métaphysique des saints* par une longue lettre laudative. En analysant le sentiment religieux « dans des âmes où il atteint son point

1. *Ibid.*, p. 181, en note.

culminant », le livre permet de « saisir ce qu'il y a dans la religion d'essentiel et de véritablement *primitif* ». Quant aux deux conceptions de la prière qu'y opposait Bremond, Bergson ne peut « s'empêcher de voir deux conceptions de la religion elle-même, deux formes de l'esprit religieux » : « les uns pensent *statiquement*; les autres (en bien petit nombre !) *dynamiquement.* » La lettre est datée du 22 janvier 1929, deux ans donc avant la publication des *Deux Sources* mais, au cours de la genèse sinon de la rédaction, y émergent déjà les thèmes essentiels.

Ces thèmes, Loisy va bientôt les résumer en une seule (et immense) phrase, qui les dégage avec une rare clarté. Elle circonscrit du même coup ce qui les distingue de sa propre pensée: un esprit a, dès l'origine, travaillé en l'homme, « unique principe du respect religieux et de l'obligation morale, en même temps que de la connaissance vraie et de l'admiration esthétique », la société intervenant comme « éducatrice des individus » et « lieu propre et atmosphère indispensable du progrès humain ».

Il y avait toutefois une chose que nous n'avions pas vue, c'est qu'esprit et société avaient agi à la façon de causes distinctes, dont les effets respectifs seraient discernables dans l'ordre religieux et moral, ces effets étant, pour ainsi dire, d'espèce différente, parce que la société aurait été, par elle-même et dès l'abord, le principe de morales et de religions *statiques*, taillées à la mesure des groupes qui les avaient réalisées, et qu'une intuition supérieure du divin, en tels individus privilégiés, aurait créé une religion et une morale *dynamiques*, religion et morale spirituelles, universelles, qui présentent l'univers comme la création d'un Dieu d'amour, par lequel les hommes seraient instruits à se considérer tous comme frères et à s'aimer comme tels, toutes les limitations qui résultent de la vie en sociétés closes, nations ou sectes, étant désormais abolies[1].

Cette thèse paraît à Loisy rompre ce qui est pour lui fondamental: l'unité, la continuité à travers l'histoire de l'humanité du fait religieux. Quant à Bremond, à première vue la

1. *Y a-t-il deux sources...*, p. III-IV.

distinction *statique-dynamique* lui « irait assez, mais à condition qu'on l'applique à n'importe quelle religion. Il y a un christianisme statique – tous les formalismes, pharisaïsmes, orthodoxismes – et un dynamique ». Plus bergsonien d'une certaine façon que Bergson, il verrait le processus, non comme la religion dynamique, ouverte, émergeant de sociétés closes, statiques, sous l'inspiration de quelques âmes d'élite, mais comme un élan qui retombe, une ardeur qui s'éteint: tous les anciens cultes ont « commencé par être dynamiques, ou mystiques, pour se momifier et devenir statiques en déclinant ». Mais ce qu'il refuse surtout avec son ami, c'est la négation même de leur commun *panmysticisme*: la mystique, privilège (tardif dans l'histoire de l'humanité) de spirituels de haut vol, fleur aussi rare que précieuse. Y a-t-il lieu, se demandera Loisy, « de limiter le sens du mot mysticisme de façon qu'il convienne seulement, dans sa plénitude, aux grands mystiques chrétiens », ou plutôt n'est-ce pas « l'humanité qui est naturellement, à des degrés divers, mystique en tous ses représentants »? Pourquoi, ajoutera Bremond, lier l'expérience mystique à une métaphysique transcendante?

> La perception du divin, quelle qu'elle soit, cette expérience première d'où sont nées les religions est *a-* ou *supra-orthodoxe* par définition, puisqu'elle n'est pas d'ordre discursif. Le discours par lequel on en vient à l'interpréter et construire nous paraîtra ou absurde ou sublime. D'où il suit que, lorsqu'il [Bergson] met le christianisme au plus haut de la série, il s'évade, sans s'en douter, de l'ordre mystique – qui est aussi l'ordre dynamique.

Loisy va développer tout cela dans un nouveau « petit livre rouge », *Y a-t-il deux sources de la morale et de la religion?* Après avoir exposé « la thèse de M. Bergson en ses lignes générales », il aborde directement la conception qu'elle présente du mysticisme, « perception intuitive du Dieu d'amour, qu'ont eue dans leur extase les grands mystiques, c'est-à-dire le Christ et les principaux représentants du mysticisme chrétien, les cultes primitifs et les religions polythéistes constituant dans leur variété une catégorie séparée, étrangère à la religion pure ». Il se demande s'il ne faudrait pas plutôt entendre mysticisme dans « une acception coextensive à celle du mot religion, un certain mysticisme existant, en somme, dans toutes les religions, et la haute mystique chrétienne, qui n'est pas précisément tout le christianisme, n'étant pas autrement garantie comme l'unique et définitive réalisation du mysticisme, de la vraie religion, dans l'humanité[1] ». Reprenant le panorama historique de Bergson, il s'attache donc à montrer que « mysticisme, religion, esprit de sociabilité humaine sont, originairement et par nature, une seule et même chose », que, « pour le mysticisme comme pour la religion même, il n'y a pas de coupure nette à instituer entre le statique et le dynamique, parce qu'il n'y a en réalité qu'un mysticisme qui est né avec l'humanité même et qui n'atteindra aussi le terme de son évolution qu'avec cette humanité qui le porte[2] ». Bergson en somme découpe dans l'histoire et isole de l'histoire comme « une religion absolue que rien n'aurait préparée, que rien ne devrait suivre », alors que la religion dynamique, si l'on veut lui donner ce terme, est sortie naturellement et progressivement des religions statiques, comme « le mysticisme de Jésus porte encore fortement l'empreinte juive » et le christianisme antique ne connaît pas encore ce qui deviendra le haut mysticisme du Moyen Âge et, sous des formes différentes, de l'époque moderne. Bref, conclut-il, « le mysticisme n'est pas à distraire de la religion », entendue en son sens le plus large.

> Le sens religieux est mystique en tant qu'il s'essaie à pénétrer, à atteindre le mystère des choses et le mystère de l'humanité, toucher à l'esprit. Il est créateur, assimilateur, transformateur ; il a toujours été dynamique et statique, créant et se reposant dans ses créations, mais ne s'y arrêtant pas plus que l'humanité ne se fixe dans les étapes de son aventureuse carrière[3].

Les chapitres suivants reprennent dans le détail, pour les nuancer ou les contester, les analyses de Bergson sur les

1. *Y a-t-il deux sources...*, p. 29.
2. *Ibid.*, p. 43.
3. *Ibid.*, p. 60.

rapports de la religion avec la magie, la morale, sur la dualité de nature des religions, sur la portée métaphysique de l'expérience religieuse et en particulier la liaison entre intuition mystique et « élan vital ». Gageons que ce furent surtout les développements sur la mystique qui emportèrent l'adhésion enthousiaste de Bremond.

> C'est un fameux livre. Tout grippé et en morceaux que je suis, je ne puis vous dire, comme je le voudrais, l'immense plaisir qu'il me fait. La sérénité du ton est magnifique. Merci et merci encore. Je vous redis ma grande amitié.

Mais ce billet, daté du 8 février 1933, fut le dernier que Loisy reçut de son vieil ami. Le 20 mars, une attaque laissa Bremond impotent et privé de l'usage de la parole. Malgré une amélioration passagère en mai, il ne retrouva plus la faculté de s'exprimer. L'agonie se prolongea jusqu'au 17 août. Loisy notait alors dans son journal :

> Cette défaillance subite de Bremond est un véritable désastre… Quelle chose tragique et fragile qu'une vie humaine, et combien facilement tombe parmi nous ce qui est une grande intelligence ! Qui achèvera jamais l'œuvre de Bremond ? Qui pourrait même la faire valoir ?

Il concluait un peu plus tard : « Il fut plus grand que son destin. »

« Sylvain Leblanc » évoquait discrètement la sensibilité, vive et retenue, de Loisy : « Cet homme timide, réservé, pudique a un immense besoin d'affection. » Aux amitiés sur lesquelles s'est attardé ce chapitre, joignons-en une dernière, de tonalité paternelle en quelque sorte, ce que justifie la différence d'âge, de statut, d'expérience. Elle prend un peu le relais des espoirs fondés sur quelques jeunes disciples, qui viennent de tomber au front ou de s'orienter vers d'autres carrières. Sur un registre différent, elle rappelle un épisode plus lointain, les instructions aux élèves du pensionnat de Neuilly, Loisy dans la fonction de conseiller (il n'aurait pas accepté le terme « directeur ») spirituel. On se souvient de ce jeune homme, Raymond de Boyer de Sainte-Suzanne, qui, en 1917, lui avait écrit pour lui soumettre ses doutes et ses interrogations. « L'on peut être aidé, mais on se tire d'affaire soi-même » : c'est la maxime qui inspire ses conseils.

À propos des inquiétudes métaphysiques de son correspondant d'abord. L'important, acquis dans son cas, c'est d'être « fixé sur le sens moral de la destinée humaine ». Les considérations spéculatives, où l'on ne peut construire que des hypothèses, restent alors secondaires. « Ma conclusion serait donc de regarder le problème métaphysique dans un esprit apaisé, sans en chercher une solution définitive que ne comportent ni l'état de nos connaissances, ni probablement la nature de notre intelligence[1]. » Le mot *Dieu* a revêtu au cours des siècles des sens multiples ; il faut tenir à la fois qu'il n'est pas possible que rien n'en demeure et que les vieux symboles semblent de plus en plus inopérants. « Nous ne sommes pas obligés, encore une fois, de connaître le dernier mot des choses puisque nous en sommes incapables : mais nous pouvons venir en aide, si peu que ce soit, à la pauvre humanité. Dieu est amour dit l'Écriture et donc l'amour, le dévouement à l'humanité est Dieu même ou la religion[2]. »

Sur un plan pratique, il déconseille au jeune homme de rompre « tout de suite, absolument et ostensiblement » avec l'Église, au risque de conflits familiaux. Les considérations dont il appuie cet avis ont une portée générale et peuvent, rétrospectivement, éclairer sa propre conduite. La chose essentielle, c'est d'être sincère avec soi-même. « Cela ne signifie pas que nous devions faire devant tous et en toute occasion l'entière profession de notre foi intérieure. Cela signifie encore moins que nous ayons le droit de renier cette foi par nos actes. Mais il y a un milieu entre ces deux extrêmes[3]. »

Voici enfin comment lui apparaît, avec le recul des années, l'expérience moderniste.

1. *Loisy entre la foi...*, p. 182.
2. *Ibid.*, p. 189.
3. *Ibid.*, p. 183.

Le modernisme, en tant que je l'ai vécu, a été l'affreuse angoisse qui s'empare d'un croyant sincère quand il soupçonne, puis constate que ses croyances ne tiennent pas et que même elles deviennent un obstacle au *Progrès humain* dans le sens le plus plein de ces deux mots. Ce fut l'effort – en l'absence de tout autre institut religieux méritant la foi et le dévouement que réclame l'Église – pour régénérer cette Église en partant du fond humain, vraiment humain de la tradition – et non seulement de l'Évangile – pour sauver cet esprit d'humanité retenu captif sous tant d'éléments morts; enfin pour faire de l'Église elle-même un instrument de progrès. La tentative a échoué, par l'insuffisance de ceux qui l'avaient risquée, peut-être aussi parce que l'œuvre était au-dessus des forces humaines[1].

Ces confidences, ne l'oublions pas, s'adressent à un jeune homme de dix-huit ans, dès le début de leurs relations: la première lettre citée (réponse par retour du courrier) date du 6 octobre 1917, la dernière du 15 novembre. Vingt ans après, il écrira à Sainte-Suzanne: « Vous êtes depuis longtemps un de mes amis les plus chers et j'ai confiance que vous le resterez jusqu'à la fin et même longtemps après. » Cette confiance si spontanément accordée apaisait en lui un besoin profond. Le 27 avril 1920, à la suite d'une visite où son jeune ami lui était apparu préoccupé, il se reprochait de ne pas lui avoir témoigné davantage l'affection qu'il avait pour lui.

Et peut-être vous-même trouvez-vous que je suis peu démonstratif. Ce n'est point faute de sensibilité. Pendant longtemps j'en aurais eu plutôt trop, et je me suis si bien appris à la contraindre que maintenant j'ai l'air de n'en avoir point assez. On a déjà imprimé plus d'une fois que je suis un « exégète sans cœur ». Si c'était vrai tout à fait, j'aurais bien moins souffert dans le passé. Et nul ne soupçonne que ce dont j'ai le plus souffert est l'isolement dans lequel j'ai vécu; le reste, en comparaison, comme peine intérieure, a été assez peu de chose. Pardonnez-moi donc de paraître froid, en considérant que la terre, après tout, qui est notre mère à tous, cache son feu intérieur … et bien fait-elle[2].

1. *Ibid.*, p. 185.
2. *Ibid.*, p. 197.

8

ULTIME MOISSON

La suppléance de Loisy au Collège de France était assurée depuis 1926, on s'en souvient, par Jean Baruzi. Sur le point d'atteindre l'âge fixé alors pour la retraite, soixante-quinze ans, il reprit son enseignement pendant l'année universitaire 1931-1932 et donna sa dernière leçon le 16 avril 1932. Le 30 mars 1933, il quitta définitivement Paris pour s'établir dans cette maison qu'il avait achetée, en 1907, à Ceffonds, tout à côté de Montier-en-Der où vivaient sa sœur et ses nièces. Il avait fait aménager un pavillon où il logeait un jeune couple. La femme assurait son ménage ; il jouait volontiers au grand-père avec leurs enfants. Le mari, employé de chemin de fer, entretenait le jardin et lui servait d'infirmier : quand il fut question de le déplacer parce que la suppression des trains de voyageurs sur cette ligne entraînait une redistribution du personnel, l'indispensable Canet intervint auprès de la Compagnie de l'Est et obtint du secrétaire général que « M. Bonnot, aide-surveillant du réseau électrique à Montier-en-Der » fût « maintenu provisoirement dans cette localité à raison des soins qu'il donne à M. Loisy, professeur honoraire au Collège de France ».

Il y reprit le cours de sa vie austère : lever à 3 h 30 (il avouait comme une faiblesse n'avoir pu, jusqu'à la cinquantaine, se lever avant 4 heures), repas à 7 heures, midi et 19 heures, coucher à 20 h 30. Vie toujours d'une sobriété extrême : il ne consommait de viande, au repas de midi, que tous les deux jours, la remplaçant les autres jours par des œufs; il ne faisait plus usage de vin et d'ailleurs « dès 1907, il avait renoncé complètement à prendre si peu que ce fût d'alcool, même la petite liqueur, sorte de chartreuse, que préparaient les religieuses dont il était l'aumônier[1] ». La matinée était consacrée au travail, l'après-midi au jardin et à la promenade, puis à des lectures. Celles-ci faisaient peu de part au profane: à côté des travaux scientifiques d'exégèse et d'histoire religieuse, il lui arriva cependant de parcourir la *Vie de Jésus* de Mauriac, livre qu'il jugea « plutôt naïf » – « roman théologique extrait des Évangiles par intuition. La critique est splendidement ignorée plutôt que maltraitée. » Il manifestait aussi un certain intérêt pour quelques livres d'histoire et de réflexion politiques. Seule concession à la modernité, un appareil de TSF, comme on disait alors; il écoutait des offices religieux (c'est ainsi qu'il reçut la bénédiction du cardinal-légat Pacelli, le futur Pie XII, au Congrès eucharistique de Buenos Aires) et suivait l'actualité politique, discours de Hitler ou de Léon Blum par exemple. Il entendit même, un jour de décembre 1934, jouer *Andromaque* et s'en déclara « ravi, n'ayant jamais été au théâtre ».

Trois cahiers, les derniers de son journal intime, permettent de le suivre de plus près dans sa vie quotidienne[2]. En premier lieu il note toujours, par un réflexe paysan, le temps de la journée. Puis le relevé minutieux de l'état de sa santé et des soins qu'elle requiert. Obsession sénile? En fait, il mène un rude combat contre le délabrement physique. Il souffrait depuis plusieurs années de troubles prostatiques et avait constamment refusé l'opération; un spécialiste parisien, consulté, lui avait appris à se sonder. Ces notations quotidiennes, qui prolongeaient les habitudes de toute une vie, pouvaient servir d'aide-mémoire lors des visites du

1. Ce détail est emprunté au petit livre d'Edmond LACOSTE, *Les Dernières Semaines d'Alfred Loisy, suivi de quelques souvenirs*, Lille, Giard, 1963.

2. La plupart des textes cités sont tirés de ces carnets inédits. On en a emprunté quelques autres au chapitre « Les dernières années de Loisy », dans É. POULAT, *Critique*..., en particulier des extraits de lettres à une amie, Italienne en exil, Maria Dell'Isola.

médecin. On suit ainsi le déclin de ses forces. Un test: le jardin. Il le mentionne régulièrement au début de l'après-midi, d'abord sans doute pour de menus travaux, puis, à partir de 1937 (« Je ne puis me livrer, écrit-il le 4 août à un ami, à aucun travail de jardinage »), pour s'y promener. Les signes de fatigue se multiplient l'année suivante: le 28 août, « pas de jardin faute de jambes »; le 1er septembre, une demi-heure de jardin lui a « plutôt assoupli les jambes »; le 6, « jardin de 2h. 1/2 à 3 h., l'usage des jambes étant à peu près normal, mais avec faiblesse générale ». Il peut reprendre ses habitudes, sauf quand il pleut ou que le temps est brumeux et froid. Nouvelle alerte le 28 avril 1939, où il a « un malaise en marchant dans le jardin. Je ne suis pas tombé et j'ai même pu reprendre ma promenade ». Mais c'est en mars 1940 que son état se dégrade définitivement. Le 13, « pas de jardin. Du reste, malaise des jambes », une jambe en particulier « de plus en plus ankylosée », note-t-il le 19, et le 25: « hier, aggravation de mon infirmité ». Il ne sortira plus, et la gangrène du pied croît rapidement. La dernière notation du journal, courte et quasi illisible, est datée du 24 avril, un peu plus d'un mois avant sa mort.

« Je ne me suis jamais senti plus fragile, mais je n'ai jamais eu peut-être l'esprit plus actif », écrivait-il, le 4 novembre 1936, à Raymond de Sainte-Suzanne, et de cette activité témoigne aussi le journal. Elle s'exerce, on l'a dit à un autre propos, sur l'actualité politique: l'assassinat, à Marseille, de Barthou et du roi de Serbie, l'abdication d'Édouard VIII, la guerre d'Espagne, la montée des dictatures, la politique pontificale, Munich (19 septembre 1938: « Hitler et Mussolini: *Nous voulons dominer le monde*. M. Chamberlain et les chefs des peuples *libres: Nous sommes, Messieurs, tout à votre service* »). Cet intérêt n'est pas nouveau, mais il s'accentue pendant cette période. Pour d'évidentes raisons sans doute, compte tenu de l'allure dramatique que prend l'histoire européenne ces années-là. Mais il faut dire surtout que l'intérêt de Loisy pour les événements politiques reste bien de nature *religieuse*. « Nous sommes environnés, note-t-il le 31 janvier 1937, de mystiques rivales et réciproquement incompatibles. Il y a Hitler, il y a Mussolini, il y eu Lénine et il reste le bolchevisme russe avec ses dissensions intestines. Les trois mystiques, au fond, sont pareillement antichrétiennes, bien que non au même degré ou plutôt pas de la même façon. » Après qu'il eut sans doute communié avec son époque dans la foi au progrès, le choc de la Première Guerre mondiale lui avait rappelé la dimension tragique de l'histoire. Il devient de plus en plus clair que la « religion de l'humanité » ne peut être le paisible aboutissement de l'évolution des religions historiques, qu'elle doit frayer sa voie dans le sang et le fracas des armes. Cependant, quelques-unes de ses lettres, à la même époque, laissent percer une « stupeur » grandissante face à « la folie croissante des hommes » (10 septembre 1937). Il avoue commencer « à ne plus prêter qu'une attention distraite aux affaires politiques. Il est difficile de voir où l'on va, ou seulement où l'on veut aller. L'homme s'agite et Dieu (le grand Inconnu) le mène. Travaillons en attendant que la lumière se fasse sur la terre » (29 mars 1936). Il éprouve en particulier une « horreur sans limites » devant la tournure que prend la guerre civile espagnole : « l'Église bénissant le carnage. Hitler et Mussolini bravant et leurrant les grandes Impuissances démocratiques, eux-mêmes talonnés par la misère de leurs peuples qu'ils ont créée, capables de tout pour prévenir leur propre effondrement » (19 juin 1938). Ses carnets confirment l'écœurement des confusions, des compromis, des médiocres calculs de la politique quotidienne et revient en leitmotiv son dégoût du *bafouillamentum politicum* : *bafouillamentum insanissimum,* ou encore, parmi bien d'autres formules du même genre, le 24 août 1938 : *« Scribo pauca. Bafouillamentum politicum regurgitat ad sidera. »*

Mais, avant même que s'exprime cette lassitude, c'est bien la réflexion religieuse, au sens strict, qui domine. La saison des bilans est arrivée, et il revient à plusieurs reprises sur son itinéraire spirituel. Pour en affirmer d'abord la continuité. Dès ce qu'il considère finalement comme le moment climatérique – « la crise de 1885-1886 » –, l'essentiel était en germe, même s'il n'en avait pas encore développé une pleine conscience.

Au fond, ce fut seulement un constat, infiniment déconcertant et douloureux, de l'impossibilité où se trouvait l'apologiste de l'Église, où je me trouvais moi-même, de maintenir la valeur absolue des définitions théologiques et aussi l'impossibilité morale de faire comprendre le fait aux dirigeants de l'Église pour y conformer non seulement leur mentalité, mais leur pratique. Un principe transcendant de la religion et du christianisme n'est pas exclu, il reste même acquis dès l'abord, mais on le reconnaît incompréhensible, indéfinissable, comme l'ont reconnu tous les grands mystiques. Le judaïsme, l'Évangile, le christianisme restent des faits de singulière importance, révélations de l'esprit dans le plus vrai sens des mots, mais relativement limitées et imparfaites dans ses réalisations. Au fond mes idées sur ce point n'ont pas beaucoup varié et je les professe encore. Diffèrent-elles autant qu'on a dit et autant qu'on a fini par le croire de celles qu'avancent des progressistes sincères tels que l'archevêque Mignot et von Hügel ? (4 avril 1934.)

Deux motifs fondamentaux dans cette pensée, deux façons complémentaires de définir « l'essence » de la religion. Entre les protestants (et reparaît, dans cette note du 9 août 1936, le thème de l'ancienne controverse avec Harnack) qui « abondent dans le sens de l'individualisme et ne conçoivent guère la religion que comme individuelle » et les catholiques qui « abondent dans l'ecclésiasticisme et aboutissent à se représenter l'individu comme un automatisme obéissant », ce qui conduit d'ailleurs « au règne d'individualités étroites et despotiques », il a toujours professé que le sens religieux authentique « consiste dans l'entière liberté spirituelle de l'individu, réalisée avec et par l'entier dévouement à la collectivité ». Ce « principe fondamental », qu'on n'a pas souvent voulu reconnaître, de sa philosophie religieuse lui paraît être « aussi bien et d'abord l'essence même de la religion. Le protestantisme vulgaire et le catholicisme romain, en tant que tendances contradictoires et exclusives, sont deux hérésies aussi dangereuses et condamnables l'une que l'autre ».

Le thème du mysticisme n'était pas absent des premiers écrits ; on l'a vu prendre de l'importance avec la préface à *La Religion*, dans l'amitié de Bremond puis la polémique à propos des *Deux Sources*. Il passe désormais au premier plan.

Le mysticisme est l'impression, le sentiment spontané, inné du mystère du monde et du mystère de l'homme. Si on ne nie pas le mystère, on ne saurait écarter le mysticisme. Mais le mystère se renouvelle en profondeur, aussi le mysticisme. Toutes les théologies et les philosophies et même en quelque façon les sciences en éprouvent dans leurs généralisations, qu'elles le veuillent [ou non]. Mais cela n'empêche pas le mysticisme d'être radicalement, essentiellement le pressentiment du divin dans le monde et dans l'homme. Ce n'est qu'un pressentiment, une intuition par elle-même indéfinissable, mais qui est le support de toute la vie spirituelle, religieuse et morale d'abord, mais aussi bien scientifique et esthétique. Et donc nous sommes menés à une définition compréhensive du mysticisme à laquelle s'est rallié Br[emond]. Cela peut mener loin. (28 janvier 1937.)

C'est encore sur ce terme qu'il met l'accent, sur un registre plus personnel, quand il fait un dernier retour sur sa vie.

Je n'ai pas voulu faire carrière dans l'Église, mais pas davantage dans le siècle, et ce n'était pas faute de savoir comment s'y prendre pour réaliser l'une ou l'autre. Et ce que presque personne n'a compris. Certes, je n'ai pas compris du premier coup le problème religieux dans toute son ampleur, mais je n'ai pas cessé de le considérer comme *religieux* et comme une affaire de conscience. Même quand j'ai cessé de le considérer comme intéressant seulement l'avenir du christianisme et du catholicisme, je n'ai pas cessé de le considérer comme la question du mysticisme dans l'humanité. Et c'est sous l'impulsion exclusive du sentiment mystique que je suis entré dans l'Église. Ceux qui ont cru que je n'étais pas mystique par nature se sont lourdement trompés et l'histoire de ma vocation ecclésiastique leur donne un démenti formel. Il est vrai que je ne suis pas de ceux qui aiment à étaler leurs sentiments sur la place publique. Mais ceci est une autre affaire. (15 janvier 1939.)

Témoignage contemporain sur ce caractère profondément *religieux*, dans son style propre et contrairement à la légende, de Loisy. Alec Vidler incarnait ce type de clergyman hors normes qui n'est pas si rare dans l'Église anglicane, à la faveur de sa *glorious comprehensiveness*: théologien libre d'esprit et très ouvert à la critique (par la suite, doyen de King's College et *lecturer* de théologie à Cambridge, il prit l'initiative d'une publication collective, *Soundings*, qui souleva quelques remous) et dans le même temps fort attaché à la tradition et aux rites. Il appartenait à une petite société, « l'Oratoire du Bon Berger », dont les membres, sans vivre dans des structures monastiques, s'engageaient au célibat. Il s'était intéressé très tôt au modernisme et avait publié, en 1934, une étude sur *The Modernist Movement in the Roman Church.* Il avait rendu visite à Loisy, en 1931, et revint à Ceffonds en mars 1938.

Je demandai à M. Loisy de commenter les allégations constamment faites par von Hügel qu'il ne croyait pas au Transcendant, qu'il était un pur immanentiste. M. Loisy leva les bras et déclara, de façon très délibérée et très solennelle, que naturellement il croyait dans le « Grand Mystère ». Ce fut pour moi un moment *numineux* qui me communiqua le sentiment du caractère ineffable de la Divinité comme j'en ai éprouvé à peu d'autres moments[1].

Mais cette irrépressible activité d'esprit, maintenue presque jusqu'au dernier souffle, va aussi et surtout continuer à se manifester dans ses publications. Il consacra les premières années de sa retraite à mettre le point final à son œuvre savante. L'année où il s'était retiré à la campagne, il avait publié deux livres importants, *La Religion d'Israël* et *La Naissance du christianisme*, qui synthétisaient ses travaux antérieurs et rassemblaient les conclusions auxquelles il était parvenu. Il compléta le second, dans les années suivantes, par trois autres publications sur le mandéisme et le quatrième évangile, l'authenticité de

1. A. VIDLER, *A Variety of Catholic Modernists*, Cambridge University Press, 1970, p. 10.

certaines épîtres et les origines du Nouveau Testament. Puis, entre 1936 et 1939, parurent cinq livres sur un autre registre et qui avaient, à divers titres, une tonalité testamentaire.

Le premier pourrait paraître suscité par les circonstances. Le 17 août 1936, il notait dans son journal : « Peut-être y aurait-il quelque chose à dire sur Bremond et Tyrrell, en accrochant l'Académie qui croit encore aux saints de Provence et n'a rien compris à la querelle Bossuet-Fénelon sur le quiétisme. Il y a parmi les Quarante un certain nombre de *crustacés.* » Le 26 mars précédent, André Bellessort, élu au fauteuil de Bremond, avait été « reçu » par André Chaumeix. L'un et l'autre, selon la coutume, avaient évoqué le vieil ami de Loisy, mais en des termes qu'avait peu appréciés celui-ci. Ainsi Chaumeix faisait gloire à l'Église, « qui a pour elle la durée et l'autorité », d'avoir « réussi à régler sans l'arrêter le cours tumultueux des pensées de l'abbé Bremond » et « gardé ce fougueux esprit en le contenant ». Loisy pense connaître assez bien son fidèle correspondant pour savoir que, décidé à rester dans l'Église, il avait accepté « plus que philosophiquement » les mesures – la *suspense* après les obsèques de Tyrrell et la mise à l'Index de *Sainte Chantal* – qui l'avaient frappé. « Ces mesures absurdes, et d'ailleurs purement disciplinaires, ne pouvaient modifier en rien le cours de sa pensée ni l'économie de son œuvre. » La portée de cette œuvre historique a manifestement échappé aux académiciens, aveuglés par le culte universitaire de Bossuet et les préjugés contre Fénelon. La tradition académique semble bien d'ailleurs allergique à une conception sérieuse de l'histoire : déjà, lors de la réception de Mgr Duchesne, il lui fut reproché d'avoir « mis de côté la légende provençale concernant Lazare et ses sœurs, venus de Palestine, dans une barque sans agrès, apporter les premiers l'Évangile en Gaule » ; et, recevant Bremond qui succédait à Duchesne, Henry Bordeaux avait rappelé et repris à son compte le grief. Mais surtout les « doctes académiciens » méconnaissaient gravement la véritable nature du mysticisme.

La lecture des deux discours n'a été que le catalyseur qui a précipité une réaction en cours. Loisy était précisément en train de classer les lettres de Bremond, ce qui l'amenait sans doute à méditer non seulement sur une amitié qui lui avait été « infiniment bienfaisante et précieuse », mais sur une commune « philosophie spirituelle » élaborée « du point de vue mystique ». Jaillissement spontané de la réflexion que confirme le journal. Trois jours après, le 20 août, il tient déjà « l'attaque », les premières lignes du livre, qui seront reprises telles quelles, à un ou deux mots près.

Le plus grand écrivain ecclésiastique de notre pays était entré à l'Académie française comme par miracle, sur la recommandation de son ami Maurice Barrès, qui mourut avant la réception officielle. Ce succès, si c'en est un, est d'autant plus surprenant que la carrière de Henri Bremond dans l'Église avait été démunie de tout prestige. Non seulement il n'était pas cardinal, comme actuellement Mgr Baudrillart, mais il ne l'aurait jamais été et, bien qu'il ait eu l'amitié de quelques évêques, il ne fut à notre connaissance chanoine d'aucune Église.

Les développements se poursuivent, les jours suivants, sur une quarantaine de pages bien tassées – déjà l'essentiel du livre. Si bien que, le 1er septembre, il peut noter le « titre de l'opuscule », *George Tyrrell et Henri Bremond*, et le plan : « 1. Tyrrell et Bremond. 2. Le discours de réception. 3. L'affaire du quiétisme. 4. La philosophie religieuse de Bremond. » Le livre sera achevé d'imprimer en décembre.

Un chapitre, le troisième, visait surtout les bévues des académiciens. Il se proposait de reprendre et de développer la « grande thèse » de Bremond sur « la foncière identité du prétendu quiétisme de Fénelon avec le mysticisme de Thérèse d'Avila et de Jean de la Croix, de François de Sales et du Cardinal de Bérulle, du P. de Condren et de M. Olier, les maîtres de la renaissance catholique après les guerres de religion ». Les deux premiers reprenaient des épisodes connus, que Loisy avait déjà abordés dans ses *Mémoires* et que nous avons évoqués au passage. Mais il mettait cette fois en lumière la façon dont Bremond les avait vécus, ses sentiments intimes, citant largement les lettres qu'il lui avait adressées : ce qui montrait du même coup qu'ils n'avaient cessé de correspondre et de garder des relations amicales après l'excommunication. Mais c'était le dernier chapitre surtout qui présentait un caractère explosif puisqu'il révélait – à propos entre autres, nous l'avons vu, du débat sur les *Deux Sources* de Bergson – que Bremond avait manifesté une adhésion enthousiaste à quelques-unes des idées maîtresses de Loisy, qu'ils s'étaient rejoints, au moins au sujet du mysticisme, sur « une philosophie commune ».

Bien sûr, on s'en scandalisa, accusant Loisy d'avoir trahi la confiance de son correspondant et compromis sa mémoire. Le même reproche lui avait déjà adressé après la publication des *Mémoires*, à propos des lettres qu'il citait de Duchesne, de Hügel, de Mgr Mignot. Émile Poulat a souligné au contraire la *discrétion* de Loisy, et quiconque connaît un peu les dossiers ne peut que lui donner raison. Il n'a écrit qu'après la disparition de ses amis, évitant auparavant ce qui aurait pu les compromettre et mettant toujours en évidence ce qui les séparait de lui. Dans le cas de Bremond en particulier, il ne cite aucune des lettres de la période moderniste proprement dite (« l'affaire Tyrrell » est postérieure de deux ans à *Pascendi*), ne retient strictement que ce qui concerne son propos et maintient le secret le plus rigoureux sur l'épisode « Sylvain Leblanc ». Il répète d'ailleurs que « Bremond était sincèrement catholique », qu'il « a voulu vivre et [qu']il est mort dans la communion de l'Église romaine ». Plutôt doit-on s'interroger sur ce qui l'a poussé à rompre avec cette habituelle discrétion. Paraîtra-t-il paradoxal de répondre : un devoir de justice ? Justice d'abord à l'égard de Bremond, qu'il estime méconnu en dépit de sa relative notoriété et de la consécration académique. Peut-être une piste s'ouvre-t-elle avec une note, d'apparence déconcertante, de son journal, le 11 janvier 1937, sur « la divine beauté » de leur « commun idéal » : « En un sens, il en a été le martyr ; je n'aurai pas cet honneur et peut-être ne l'ai-je pas mérité ; du moins en aurai-je été l'humble avocat. » Bremond martyr : en quel sens ? Les ennuis qu'il eut à subir paraissent bien bénins en comparaison de ce qu'a vécu Loisy. Mais il s'agit d'abord pour celui-ci du libre développement de la pensée et, à cet égard, Bremond a dû, pour rester dans l'Église de son temps, se brider, mutiler en quelque sorte, au moins dans l'expression, sa pensée, ne pas donner à son œuvre publiée toute l'ampleur et l'originalité qu'elle aurait dû avoir. Mais c'est aussi à lui-même que Loisy veut rendre justice. Parce que cette amitié, comme il l'a répété, l'honore plus que toute autre ; parce qu'elle a éclairé (dans les deux sens du terme : elle l'a aidé à en prendre conscience, elle la met en lumière) l'essence *mystique* de sa pensée religieuse ; parce qu'il y a bien, si l'on peut dire, un œcuménisme de cette inspiration mystique, « au-dessus de toutes les confessions, même de toutes les religions particulières ».

George Tyrrell et Henri Bremond était le quatorzième des « petits livres rouges ». L'année suivante, *La Crise morale du temps présent et l'éducation humaine* sera le dernier. « Achèvement d'une longue expérience religieuse » au cours de laquelle deux moments lui ont donné « l'intuition d'une nécessité urgente ». Le premier, avec *L'Évangile et l'Église* et ce qui s'en est suivi, quand l'Église romaine était confrontée au « mouvement du siècle ». Et l'heure présente, « l'humanité entière en un moment périlleux de son évolution historique ». Tout à la fois donc livre d'actualité et ultime message d'un « vieillard infirme dont les jours sont comptés et qui reculerait devant un pareil problème s'il ne le voyait aussi réellement déserté que poignant et inévitable ». Message qui se résume en une formule – la religion de l'humanité –, à condition de bien l'entendre.

Non pas, comme on l'a parfois étourdiment supposé, une religion qui aurait pour objet l'humanité que nous connaissons. Des personnes graves ont objecté que cette humanité-là n'est point adorable. Hé ! nous ne le savons que trop ; elle serait plutôt abominable ou insupportable en plusieurs de ses échantillons. Il est parlé simplement d'une religion qui serait capable de rassembler tous les hommes dans un commun idéal et une commune adoration. Qu'une telle religion n'existe pas encore, j'ai dès longtemps pensé le constater[1].

Mais il a « naguère entrevu » et voudrait essayer de montrer « qu'une telle religion maintenant se prépare et qu'elle s'impose comme une nécessité vitale… ».

Ce n'est sans doute pas le meilleur livre de Loisy – il reconnaît l'avoir écrit trop hâtivement, « dans la perspective d'une fin prochaine » et de catastrophes imminentes. Il veut trop embrasser, de la genèse de l'univers à la question sociale ; il règle d'autre part ses derniers comptes avec Rome et ce souci polémique revient au détour de chaque développement. Mais c'est précisément cet aspect synthétique – au soir de la vie, sa vision du monde, de l'homme, de l'histoire – qui en constitue l'intérêt et incite à s'y arrêter un moment.

La première partie soumet à la critique, du point de vue de la morale, l'état du monde et les puissances qui se le disputent. Il suivait, on l'a vu, l'actualité par la presse et la radio, mais sa curiosité le portait dans des directions où on ne l'attendrait pas. Ainsi utilise-t-il le témoignage, dans la jeune revue *Esprit*, de catholiques espagnols restés fidèles à la République et s'appuie-t-il, pour la Russie soviétique, sur le tout récent *Retour de l'URSS* d'André Gide, qu'il qualifie de « publiciste bien connu ». Quant à ses conceptions morales personnelles, elles restent, et l'on ne s'en étonnera pas, d'une rigueur toute traditionnelle : il approuve, par exemple, les bolcheviques de faire marche arrière sur la liberté de l'avortement et de condamner l'homosexualité, « exaspération désordonnée, contre nature, de l'instinct sexuel ».

Trois sortes de puissances donc prétendent à l'hégémonie morale : les Églises, et singulièrement la romaine ; les régimes totalitaires (les démocraties étant à ses yeux, comme il l'écrivait ailleurs, plutôt des « impuissances »), racisme allemand, fascisme italien, socialisme sous sa forme la plus absolue, soviétique ; la science, ou plutôt le scientisme. Le

1. *La Crise morale*…, p. VIII-IX.

catholicisme romain se trouve dans une situation précaire parce qu'il reste attaché à des mythes « devenus impensables, absurdes pour la raison et la science les moins exigeantes ». Il se refuse à voir les problèmes soulevés par la critique, au lieu de considérer la Bible « comme le témoin d'un mouvement de vie spirituelle qui s'est exprimé par d'autres moyens littéraires que ceux qui se recommandent à notre mentalité scientifique ». Il est prisonnier d'une « fiction de théologiens », « la constante fixité de la tradition doctrinale », sorte de coquille (on remarquera l'opposition des deux termes) où la *croyance* enveloppe la *foi* mais risque de l'étouffer. Ainsi la papauté romaine fait obstacle à la religion spirituelle en la confondant « avec l'orthodoxie qu'elle-même fabrique ». Mais, « nonobstant les décadences, les abus et les superstitions, l'âme spirituelle du mouvement évangélique ne s'est jamais éteinte dans le mouvement chrétien ». N'ont jamais cessé de s'y manifester « les agents de rénovation morale »: succédant aux prophètes, les ascètes, les mystiques « et les admirables congrégations religieuses de femmes ». – « Non, la religion, dans le christianisme, n'a pas renié la morale. Non, le christianisme n'a pas failli ruiner l'avenir de l'humanité[1]. »

Proclamant « la vocation unique, providentielle, transcendante et inéluctable » de la race allemande – race qui n'est d'ailleurs pas une réalité, mais une « fiction historique » –, le mythe hitlérien ne peut qu'être foncièrement hostile, non seulement au judaïsme, « une des forces spirituelles qui actuellement travaillent à l'unification morale du genre humain », mais à l'Évangile, aux différentes Églises, au catholicisme romain qui, malgré ses abus, « représente encore, à beaucoup d'égards, une force spirituelle internationale qui ne saurait, sans se renier elle-même, se laisser emprisonner dans le cadre d'un nationalisme étroit et brutal ». Cependant les évêques allemands ne semblent pas avoir saisi d'emblée ce caractère « essentiellement antichrétien » et l'encyclique *Mit brennender Sorge* elle-même reste ambi-

1. *Ibid.*, p. 46.

guë dans la condamnation, comme si elle comptait sur la coalition des régimes totalitaires pour poursuivre la croisade contre le communisme athée. La pointe polémique est encore plus nette dans le chapitre consacré à l'Italie, qui s'attache surtout à la critique des accords du Latran et de l'attitude de Pie XI devant la guerre d'Espagne.

Sur la Russie soviétique, la condamnation se nuance de circonstances atténuantes. Loisy serait prêt à accorder un préjugé favorable. « Nous sommes devant une expérience humaine dont il subsistera, moyennant accommodements, – c'est la condition normale de telles expériences, – quelque chose de profitable à l'humanité. » Mais le tableau brossé par Gide du conformisme qui pèse sur la société soviétique lui paraît « vraiment effrayant » : « Un tel régime est la négation de toute vie spirituelle ; mais c'est que les fondateurs, rivés à la question sociale, à l'organisation collective de la propriété, ont cru pouvoir nier ce qu'ils ignoraient, l'existence de l'Esprit dans le monde et la réalité, pour l'homme, d'une vie supérieure à celle de l'animal humain. » Mais il y a plus redoutable : le bolchevisme est « à sa façon une épidémie mystique », aussi fanatique et intolérante que les mystiques dévoyées avec lesquelles il est entré en concurrence. « Somme toute, le communisme soviétique est devenu en son genre un régime totalitaire qui ne diffère pas tellement de ceux que nous connaissons en Occident. Car Staline est, en fait, un dictateur aussi absolu que le sont Hitler et Mussolini. » Cependant le pape, dans l'encyclique *Divini Redemptoris*, a tort de condamner le *seul* communisme comme « intrinsèquement pervers » car (et nous retrouvons ici un débat toujours actuel), au contraire des totalitarismes rivaux, il contient au moins un « élément de réelle humanité ».

Il y a dans le bolchevisme, trop peu spirituellement conçu, trop étroitement limité, trop fanatiquement altéré par la haine de ce qu'il considère comme un obstacle, un sentiment de réelle humanité, une volonté de relèvement des victimes de l'ancienne société. Et cela n'est point méprisable, cela n'est point haïssable ; cela n'est point à exterminer comme l'unique fléau dont soit menacée la civilisation chrétienne[1].

Quant à la science enfin, si elle défend légitimement ses conquêtes contre ses ennemis, l'Église romaine et les régimes totalitaires, elle outrepasse sa mission quand elle prétend substituer à la morale et à la religion une sociologie, une « science des mœurs ». « L'univers n'est-il pas toujours plus grand et plus profond que la science et ne demeure-t-il pas toujours, à son égard, un mystère ? Et l'homme lui-même n'est-il pas, comme l'univers et avec l'univers, un mystère ? »

La seconde partie va tenter de reconstruire ; elle se propose de « risquer une synthèse positive touchant les conditions de la vie spirituelle ». Synthèse que résume une phrase qui en annonce en même temps le développement : « Ces réflexions ont pour objet le fondement mystique et religieux de la moralité humaine, le caractère à la fois idéal et relatif de son plan, l'unité essentielle de son ressort, qui est l'amour-dévouement, la condition normale de son exercice, qui est le renoncement, disons le sacrifice, où l'amour-dévouement trouve aussi bien sa récompense. »

Le fondement, c'est donc ce double mystère – mystère de l'univers, mystère de l'homme – qui nous enveloppe, que la science ne peut épuiser et qui nous oblige à conclure à un Esprit qui en est l'animateur, « qui est au fond de tout, en tout, et qui est au fond de nous, en nous ». Ce qui n'est pas succomber à la tentation du panthéisme. Loisy s'en défend dans une déclaration capitale, qui pourrait bien être le dernier mot de sa théologie personnelle.

Dieu existe, c'est-à-dire un Être au-dessus de tous les êtres, une Puissance au-dessus de toutes les puissances, un Esprit au-dessus de tous les esprits, qui est le principe et la source de toute vie dans l'ordre sensible et dans l'ordre intelligible, dans l'ordre éternel des mondes. De lui on peut dire que tout le manifeste et que

1. *Ibid.*, p. 160.

rien ne l'absorbe. On le blasphème inconsciemment lorsqu'on ose le définir : « quelque chose qui, en plus grand, nous ressemble ». C'est essentiellement [...] quelque chose qui est trop au-dessus de nous pour nous ressembler en quoi que ce soit, bien qu'il soit en nous plus intimement que nous ne sommes en nous-mêmes. Notre respectueux silence devant lui pourrait bien être la meilleure expression de notre culte [...]. Tout ce qu'on a dit de lui dans les religions était vrai sans l'être, vrai autrement qu'on ne le disait, plus vrai qu'on était capable de le penser. Mais de ce commentaire fragile, qu'il nous faut perfectionner sans cesse, nous ne pouvons nous passer pour le bon gouvernement de notre vie[1].

Le fondement est donc proprement *religieux*, et il va même tenter une interprétation symbolique des dogmes et des sacrements chrétiens qui peuvent nourrir la vie spirituelle. Ainsi le péché originel serait « notre naturelle animalité », et la rédemption la création et le développement de cette vie « par la voie du renoncement, par le sacrifice des aspirations charnelles, et l'on peut dire aussi que c'est l'Esprit qui souffre en nous, avec nous, pour nous libérer de nous-mêmes ».

Pour le plan, c'est-à-dire la mise en œuvre de ces principes, il faut bien constater qu'il n'existe pas encore de forme idéale, satisfaisante et complète, d'une morale humaine universelle. Aussi conseille-t-il de se borner à « interpréter, transposer, sublimer les notions et prescriptions de la morale traditionnelle, morale qui, pour les peuples jusqu'à présent chrétiens, est en substance la morale même du christianisme ».

« Le grand ressort de la moralité humaine, qui est aussi bien le secret du mystère divin, est l'amour-dévouement, le pur amour des mystiques, celui que décrit le cantique de l'Amour dans la Première aux Corinthiens (XIII), l'amour qui "jamais ne tombe". » Et il va, dans un élan lyrique qui ne lui est pas habituel, « redire le chant de notre folie mystique, avec le risque probable de scandaliser les dévots qui veulent des miracles et les doctes qui se réclament de la raison »[2], reprenant de longs passages de la leçon sur le mys-

1. *La Crise morale...*, p. 242-243.
2. *Ibid.*, p. 285.

ticisme déjà publiée en préface de la seconde édition de *La Religion.*

Au fond le plus intime du mystère il y a le dévouement – on pourrait aussi bien dire le sacrifice – de Dieu même à l'œuvre mondiale et à l'œuvre spéciale de la spiritualité humaine : et c'est pour répondre à ce divin dévouement que le dévouement humain s'affirme, communiant à Dieu dans l'amour que Dieu porte à tous. La réciprocité de l'amour entre les hommes est un corollaire, si on l'ose dire, de l'amour de Dieu pour l'humanité. Le dévouement à l'œuvre de Dieu dans l'humanité va de soi, du moment que l'humanité existe, et pour qu'elle existe de plus en plus, n'étant pas encore, hélas ! et tant s'en faut, ce qu'elle devrait être[1].

La condition plutôt que les conditions : dans la société civile les nations, sur le plan international règlements et mesures législatives ne suffisent pas en effet à assurer l'harmonie s'il manque un « ingrédient de haute moralité ». Loisy se refuse à caresser ces utopies qui s'imaginent l'animal humain « plus doux qu'un mouton » dès lors qu'on aurait « transformé pour lui la terre en un paradis de jouissances ». Sa vision de l'histoire humaine reste tragique. « Notre existence, l'existence même de l'humanité n'est pas autre chose que le champ d'une interminable lutte qui se perpétue à travers les vicissitudes des temps et les péripéties et changements de l'histoire ; elle se continuera de manière ou d'autre, donnant des résultats variés dans les individus, les sociétés, l'humanité entière, jusqu'à la fin des temps[2]. » L'ingrédient indispensable, le don de soi, le sacrifice, est une « contrainte de l'animalité avec ses appétits, pour que l'Esprit règne dans l'humanité ». Point n'est besoin de s'accrocher à l'espérance de « récompenses éternelles ».

En un sens, il n'y a d'éternel que Dieu, toujours présent au monde, et le monde toujours mouvant en Dieu. C'est dans la vie présente, la vie actuelle, que nous sommes présents dans l'éter-

1. *Ibid.*, p. 309.
2. *Ibid.*, p. 325.

nité d'aujourd'hui ; et nous rentrons par la mort, non pas, certes, dans le néant, mais dans le mystère de Dieu, notre partie individuelle étant ainsi définitivement jouée ; et certes cela est meilleur et plus consolant, l'ère du dévouement-sacrifice étant pour nous terminée[1].

Ce sacrifice est « essentiellement un acte d'amour dans un acte de foi ». Acte d'amour parce qu'il « est la vérité, morale et transcendante, de la vie, le contentement suprême ». Acte de foi, « aussi bien et par là même fondé en Dieu, dans l'obscure et solide intuition du mystère éternel, de l'amour qui se donne, qui s'affirme en se donnant ». Une « bonne vie » est tissée de ces sacrifices, petits ou grands. Ils constituent « le pain quotidien de la vie sociale ».

De façon sans doute délibérée, il n'inscrit plus ses trois derniers écrits dans la série des « petits livres rouges » : même éditeur, mais format plus grand et couverture grise. Il ne s'agit que d'ultimes mises au point pour défendre sa pensée contre les déformations qu'on lui inflige, à gauche et à droite, du côté de la raison laïque comme de l'orthodoxie catholique.

À gauche, contre les « mythologues » d'abord, c'est-à-dire ceux qui – thèse déjà ancienne – nient l'existence historique de Jésus, le réduisent à un mythe. L'adversaire principal est ici Paul-Louis Couchoud, normalien, agrégé de philosophie et médecin, qui cultivait en amateur l'histoire des religions ; il avait suivi l'enseignement de Loisy au Collège de France, mais celui-ci entretenait avec lui des relations assez tendues. Dès 1924, dans *Le Mystère de Jésus*, Couchoud avait lancé contre lui la surprenante accusation de « matérialisme historique » (dans sa perspective, le terme *historicisme* aurait été plus pertinent) et prédit que « vers 1940, Jésus tout entier aura passé du plan des faits maté-

1. *La Crise morale...*, p. 333.

riels dans celui des représentations mentales collectives ». Ses livres suivants développaient l'idée de la métamorphose en histoire, en personnage historique, sur l'initiative de l'hérésiarque gnostique Marcion, d'un mythe provenant de l'apocalyptique juive. Loisy démolit avec verve cette construction fragile dans *Histoire et mythe à propos de Jésus-Christ* et réaffirme sa conviction de l'historicité de Jésus. Argumentation prolongée, peu de temps après, dans *Autres mythes à propos de la religion,* contre la thèse du poète Édouard Dujardin, qui soutenait que le personnage avait été créé de toutes pièces par « l'éruption subite, en l'an 27 de notre ère, d'un culte préhistorique de dieu immolé, mourant et ressuscitant, lequel culte se serait mué d'un seul coup en la propagande, d'abord discrète, puis plus entreprenante, d'un mystère de salut en rapport avec les profonds besoins sociaux du monde gréco-romain ». Mise au point plus discrète sur le livre posthume de P. Saintyves (nom de plume de son fidèle éditeur Émile Nourry, mort en 1935) qui prétendait expliquer *Deux mythes évangéliques : les douze apôtres et les soixante-douze disciples* par la spéculation astrologique.

Mais le chapitre le plus significatif de ce deuxième recueil, sous le titre « Un mythe rationaliste », répond aux critiques de Georges Guy-Grand à *La Crise morale du temps présent*, l'accusant de dévaloriser science et raison et de sombrer dans une « doctrine de caractère mystique ». Ce qui conduit Loisy à reprendre quelques-unes de ses affirmations essentielles. S'il conteste « la réalité du surnaturel physique, pour nous inconcevable, parce qu'il consisterait en une rupture violente dans l'enchaînement normal des phénomènes », il a toujours été convaincu de « la réalité du surnaturel moral », manifeste dans « l'ascension spirituelle qui s'est produite dans l'humanité », ascension vraiment spirituelle dans la mesure où elle rompt avec « l'économie du monde visible » et s'y révèle « la présence de Dieu dans l'univers, aussi son action profonde dans et sur l'humanité ». La religion ne repose pas sur le sentiment, comme le soutient son critique, « il s'agit d'une *intuition*, l'intuition mystique dans laquelle on *perçoit* et en même temps l'on *sent* vivement que Dieu est amour et que l'amour-dévouement est le secret du grand mystère devant lequel la raison toute seule est comme impuissante et désemparée ». Il faut reconnaître enfin qu'à l'heure présente, « ce qui subsiste encore de vraie force spirituelle dans le monde est gardé surtout dans les religions, principalement dans les grandes confessions chrétiennes », même si « ce trésor n'est pas toujours exploité comme il faudrait »[1].

Sur la droite, l'antagoniste de la dernière heure s'appelle Jean Guitton. En fait, l'histoire avait commencé quelques années auparavant et laissé un certain passif. Le jeune philosophe s'était initié à l'hébreu et à l'exégèse auprès d'un savant lazariste, M. Pouget ; il avait fait un séjour à l'École biblique de Jérusalem auprès du P. Lagrange. Ayant assisté à quelques cours de Loisy au Collège de France, il lui écrivit pour la première fois en mars 1933. En août de l'année suivante, l'éditeur Nourry informa Loisy que Guitton avait fait demander ses deux derniers livres (*La Religion d'Israël* et *La Naissance du christianisme*) dont le P. Lagrange l'avait chargé de rendre compte dans la *Revue biblique*. Loisy était partagé : il attendait avec une certaine curiosité « la critique philosophique » de ses travaux dans la revue en question et ne confondait pas « ce jeune homme zélé et entreprenant » avec les « aventuriers de l'orthodoxie » (entendez : ses vieux ennemis, Lagrange et Battifol). Mais il soupçonnait une « collusion Guitton-Lagrange ». Guitton lui rendit visite à Ceffonds, le 30 décembre 1934, et Loisy parla longuement et avec confiance.

Il avait fait auparavant une autre rencontre, sans rapport en apparence. Lisant, en janvier de la même année, un livre du P. Jean Bremond, s.j., préfacé par son frère Henri, *Les Pères du désert*, il s'amusa d'une anecdote, rapportée par Cassien, concernant un moine palestinien du IVe siècle, l'abbé Sérapion. Celui-ci, prenant à la lettre ce que dit la *Genèse* : « Faisons l'homme à notre image et ressemblance », se représentait Dieu sous forme humaine ; quand on lui eut démon-

1. *Autres mythes...*, p. 133.

tré son erreur, il se désespérait : « Ils m'ont enlevé mon Dieu. » Jugeant l'anecdote « fort curieuse », Loisy notait alors : « Peut-être pourra-t-elle me servir. » Il s'en servit en effet une première fois dans *La Crise morale du temps présent*. Il y cite « un jeune savant catholique des plus distingués » – Guitton, qu'il ne nomme pas – qui lui avait écrit après lecture de *George Tyrrell et Henri Bremond*, regrettant qu'il ait publié « des lettres privées qui peuvent nuire à la mémoire d'un homme » et déclarant d'autre part qu'à son sens, la prière « ne peut s'adresser qu'à un être qui est comme une personne ». Loisy raconte donc l'histoire de Sérapion et raille doucement l'anthropomorphisme de « notre moderne Sérapion ».

Ce dernier dans le même temps donnait au bulletin des Davidées, une association de membres catholiques de l'enseignement féminin, un « cours de philosophie religieuse à l'usage du temps présent », sous forme de lettres ; ces lettres étaient ensuite réunies en brochures, sous le titre général *La Pensée moderne et le catholicisme*, sans nom d'auteur. Le 6 décembre 1938, Loisy reçut une de ces brochures, une « plaquette assommante » qui développait un parallèle entre Renan et Newman ; la dédicace, datée du 15 novembre, était signée « Sérapion ». Il jugea ce « factum » à peu près « illisible » et se persuada que ce « digne héritier de Lagrange » préparait un essai sur lui. Une note du 2 janvier 1939 montre qu'il envisageait déjà d'y répondre à l'avance, sous le titre *Un mythe apologétique*. Mais, le 9, un article de presse lui révéla que quatre fascicules de *La Pensée moderne et le catholicisme* étaient déjà parus, que les lettres le concernant dataient de 1935-1936 et la brochure correspondante, *La Pensée de M. Loisy*, de 1936 également, et donc que la « prédication » de Guitton contre lui avait commencé au lendemain de sa visite, sans qu'il l'en ait prévenu alors qu'ils restaient en correspondance. La réplique ne pouvait qu'en être plus percutante.

Nous ne nous arrêterons pas sur les lettres où Guitton, en suivant les *Mémoires*, propose une analyse psychologique des « erreurs » (qu'il veut distinguer de « fautes » morales, sans que la distinction apparaisse toujours clairement) de Loisy et sur la contre-expertise de celui-ci, pour ne retenir que les deux griefs essentiels (et attendus) que Guitton adressait à sa philosophie religieuse. Il serait passé de la foi catholique à un « positivisme humanitaire », inspiré par Auguste Comte, et qui aboutirait à diviniser l'Humanité (Guitton emploie systématiquement la majuscule). Et cette divinisation dériverait de la « négation de Dieu transcendant » et personnel, distinct de la nature.

Pour donner le ton, voici comment Loisy présente « Sérapion », avant de passer au crible son exégèse : « Un homme s'est présenté, d'une conscience admirable, rempli de science et pénétré de foi, qui s'est penché sur nos ignorances pour les dissiper, sur nos erreurs pour les réfuter, sur nos doutes pour les combler de certitudes. Philosophe, il jongle avec des abstractions ; exégète, avec des textes ; théologien, avec des dogmes[1]. » Sur les critiques fondamentales, il rappelle une fois de plus qu'on commet un contresens sur la religion de l'humanité en prétendant qu'elle prend celle-ci pour objet de son culte, qu'il n'a donc jamais entendu un culte « à la façon d'A. Comte ». Il défie Sérapion de trouver, dans ses écrits, une page où il recommanderait « de pratiquer *l'adoration de l'Homme. Cette adoration-là, je l'ai toujours répudiée, et tout autre que Sérapion aurait pu s'en apercevoir.* Quand je célèbre l'humanité, je l'écris toujours sans majuscule, et j'entends un idéal vivant en cette humanité pour l'élever surtout dans l'ordre religieux et moral[2] ». Quant à la réduction de sa pensée à une « morale laïque » (Guitton l'aligne, après Comte, sur les auteurs qui développaient alors cette morale, A. Bayet et M. Déat), il renvoie pour la réfuter à la préface de *La Religion* sur le mysticisme et cite longuement ce texte à ses yeux capital.

Sur l'autre grief, il a toujours soutenu « qu'il existe un principe premier de toutes choses, dont tout dépend et qui soit, en quelque façon, tout dans tout », il ne saurait même

1. *Un mythe...*, p. 13.
2. *Ibid.*, p. 149.

« concevoir l'univers sans ce principe ou en dehors de lui ». Mais il ne saurait « penser ou même seulement imaginer que Dieu soit une *personnalité* très haute, mais analogue à celle de Sérapion, c'est-à-dire qui ressemblerait à Sérapion, ou à laquelle Sérapion ressemblerait ». Bref, il n'est plus possible « de parler de Dieu comme on parlerait d'une vieille connaissance. Dieu ne serait pas Dieu s'il ressemblait à Sérapion et aux autres échantillons de notre médiocre espèce ».

Sérapion-Guitton ne fut pas ébranlé par la leçon; il en garda du moins une durable fierté d'avoir été l'objet du dernier livre de Loisy.

ÉPILOGUE

La santé de Loisy s'était progressivement dégradée. Déjà, le 13 août 1938, il ajoutait en post-scriptum d'une lettre à Canet : « Je continue de m'affaiblir. Au fond, c'était fatal et je ne le regrette pas. Mais je ne pense pas atteindre l'an prochain. » Le délai, on l'a vu, fut un peu plus long. Les rares lettres conservées des premiers mois de 1940 ont un accent testamentaire. Ainsi, le 8 janvier, à un de ses plus anciens et fidèles correspondants, le grand historien belge des religions antiques Franz Cumont[1] dont il salue les « longs travaux incessamment renouvelés ».

Les miens sont terminés et je n'en suis pas autrement fier. Ils ont été constamment élaborés dans l'infirmité pour aboutir à l'impuissance. J'ai travaillé sur des terrains discutés, sur des questions éternellement mouvantes ; et j'ai trouvé bon d'être apôtre en cultivant ce qu'on appelle communément la science. Je n'avais pas les ressources physiques indispensables pour réussir pleinement soit dans l'apostolat, soit dans la science. Le plus curieux de l'affaire est que je ne me suis pas ingéré de moi-même dans les besognes où j'ai été plutôt embarqué. – Ainsi, dès le début, lorsqu'on me mit au collège, je demandais instamment et secrè-

1. S'il n'a pas été fait mention jusqu'ici de Franz Cumont (1868-1947), c'est que ses travaux, pour l'essentiel – sur les religions orientales, le manichéisme, les rites funéraires romains… –, restaient en marge des débats dans lesquels était engagé Loisy. Mais il avait collaboré à la *Revue d'histoire et de littérature religieuses,* et, de 1905 à 1940, sa correspondance avec Loisy fut régulière, abondante et témoigne de leur confiance réciproque. Cumont résida à Rome pendant la majeure partie de sa carrière scientifique ; il était également lié avec Duchesne et Canet, qui édita et préfaça son grand livre posthume, *Lux perpetua* (1949).

tement au Ciel la vigueur nécessaire au bon laboureur que je souhaitais être, comme mes ancêtres. De là vient que, dans mon aventureuse carrière, j'ai toujours été contesté ; mais les gens ne se doutaient pas que je me contestais moi-même tout le premier, et en meilleure connaissance de cause. Maintenant toute la partie est jouée et il ne reste plus qu'à marquer le point final.

[...] Peut-être aurais-je pu m'épargner mes dernières publications, qui ont un caractère polémique. Aussi bien ne sont-elles pas beaucoup plus inutiles que les autres. Pour le tout, je suis incapable désormais de rétractation.

Et donc, réglant tous mes comptes, je tiens à vous dire le prix que j'ai toujours attaché à votre amitié, et je m'engage à mourir dans ce sentiment.

Ici, je suis dans la zone des armées, toutefois assez loin du front, et jusqu'à présent même peu encombré d'occupation militaire. Mais le moindre dérangement de mon débris serait cause [de ma mort] ; car mon existence m'a tout l'air de ne plus tenir qu'à un petit fil.

À Canet enfin, le 22 février :

Dernières nouvelles : j'ai pu survivre à la rude épreuve du froid par les bons soins de mon entourage. On a pu m'assurer l'anthracite nécessaire pour mon chauffage. Comme bois, nous avons pu faire abattre deux sapins qui se mouraient près du ruisseau. Je n'ai pas poursuivi le triage de ma correspondance parce que ce travail me fatiguait. Je n'ai pas terminé non plus le triage des papiers. Je ne cherche plus le moyen d'en assurer la sécurité.

[...] Je n'ai rien à vous dire pour le règlement éventuel de mes funérailles. [...] Un simple avis de décès suffira.

Il continue pourtant à s'intéresser aux événements, et toujours sous le même angle : « Je ne réussis pas à percevoir l'action du pape à travers le présent tourbillon. Après tout, je ne vois pas ce que pourraient faire Grégoire VII ou Urbain II s'ils ressuscitaient. »

La dégradation s'accentua au cours du mois d'avril. Il vécut encore six semaines, avec des intervalles d'inconscience, veillé par le couple de ses employés. Il évoqua à plusieurs reprises un modèle qui lui était cher, le pauvre homme Job. Le livre de Job, avait-il écrit naguère, « un des plus beaux qui soient dans toutes les littératures des hommes, et des plus vraiment philosophiques ». Quand mourut sa sœur, à laquelle il était fort attaché, il ne put, excommunié, assister aux obsèques, mais choisit lui-même les textes de son mémento, parmi lesquels le cri de Job (1, 21) ayant perdu ses enfants et ses biens: « Nu je suis sorti du ventre de ma mère et nu j'y retournerai. Yahweh a donné, Yahweh a ôté; que le nom de Yahweh soit béni ! » Et il s'y référait souvent dans sa correspondance, par exemple à Raymond de Sainte-Suzanne, le 14 mars 1938: « J'attends la relève comme Job mon ancêtre. » Il répéta aussi: « Je suis en paix avec le Seigneur. »

Sur ces derniers jours, un billet de sa nièce Élisabeth Royer à Louis Canet donne quelques détails. Écrit sur un feuillet arraché à un carnet, il est daté de « lundi », sans autre précision: sans doute le 27 mai, puisque la fin, qui interviendra le samedi, manifestement est proche et que l'offensive allemande a désorganisé la vie et interrompu les relations postales dans la zone des armées (une note inquiète, ajoutée en haut de la feuille: « Je souhaiterais qu'il dure encore un peu car que ferons-nous pour envoyer des dépêches et vous pour venir ? »).

Monsieur, j'ai une occasion pour vous mettre un mot au sujet de mon cher oncle: il a passé de très mauvaises journées et nuits depuis plusieurs jours et nous avons cru 2 fois déjà que c'était la fin. D'après le docteur, il aurait eu une petite hémorragie cérébrale. Aujourd'hui il est mieux, a mangé et passé une meilleure nuit. Son intelligence et mémoire partent par moments puis reviennent: il me parlait encore hier de M. Duchesne, de M. Cumont et de votre bonté envers lui. Je lui ai dit combien j'avais été heureuse d'avoir fait votre connaissance; il a écrit [?, pour « lu » ?] votre lettre avec beaucoup de peines. Il n'a presque plus de forces. J'ai jeudi matin quand il était si mal récité près de lui les prières des agonisants, mais rien de rien, il ne parle pas de ce qui nous intéresse[1].

1. La nièce, très pieuse mais pleine d'admiration et de respect pour son oncle, avait soumis à Canet ses inquiétudes à ce sujet.

Une crise d'urémie l'emporta le 1er juin.

À une telle date, le décès passa inaperçu. Après l'offensive du 10 mai, les Allemands avaient rompu le front français, la Belgique capitulé et les troupes franco-britanniques étaient acculées à la mer autour de Dunkerque. Déjà commençaient d'affluer les réfugiés du Nord, prélude à la prochaine grande débâcle. On eut même du mal pour faire transporter le corps de Ceffonds à Ambrières, où il devait être inhumé auprès des siens. Aucun de ses amis ne put assister aux obsèques, il ne fut accompagné que de sa nièce et du ménage « très attaché à lui depuis sept ans ». Il n'y eut que deux courts articles de journaux, de Louis Canet dans *Le Temps* du 8 juin et d'André Billy dans *L'Œuvre* du 10. Au petit cimetière, la pierre tombale, surmontée d'une croix, porte l'inscription que son exécuteur testamentaire Canet fit graver en 1942 :

Alfred LOISY
PRÊTRE
Retiré du ministère et de l'enseignement
Professeur au Collège de France
1857-1940
Tuam in votis
tenuit voluntatem

On s'est interrogé sur le sens et la portée de la formule finale. Il s'agit en fait de la dernière prière de la liturgie des funérailles, que le missel contemporain de Dom Lefebvre traduit ainsi : « Il est toujours resté de cœur attaché à Votre Volonté. »

On laissera le lecteur juger sur pièces de cette affirmation posthume. Une autre formule, qu'il donna pour titre à une notice autobiographique rédigée au soir de sa vie, la module de façon différente : sa réflexion l'aurait conduit *de la croyance à la foi*. Le bilan des croyances abandonnées en cours de route serait facile à dresser – à partir de la première, qui a tout déclenché : la croyance en l'orthodoxie, non seulement le contenu, mais la notion même. Ou, pour dire les choses autrement, et non sans paradoxe : il ne pouvait, dès le début de sa recherche, se dire *chrétien* si l'on entend par là celui qui croit en la divinité du Christ telle que la définit l'enseignement dogmatique traditionnel ; mais il se voulait *catholique*, confiant en la mission historique de l'Église. Cette confiance s'est peu à peu délitée, jusqu'au dernier coup de grâce. Mais il était toujours resté *religieux*, animé par une *foi* intacte en la valeur permanente de la religion. Il ne prêchait pas, estimait-il, une religion nouvelle, de son cru, mais l'adaptation de la religion aux temps nouveaux, l'épanouissement de la religion de toujours.

À cette religion, à *sa* religion, trois griefs majeurs ont été adressés : elle serait athée, ou (indifféremment) panthéiste ; elle confondrait religion et morale, elle se réduirait à un moralisme humanitaire ; son rêve d'une humanité réconciliée en la communion d'une même (et fort vague) foi n'était qu'une utopie puérile, cruellement démentie par les faits. Sur le premier, il s'est expliqué en termes assez nets pour qu'il soit inutile d'y revenir. Il est vrai qu'il tient de son époque un ton volontiers moralisant, qu'on retrouve dans les milieux ecclésiastiques comme dans l'Université laïque (ses amis de « L'Union pour la Vérité » par exemple) ; mais l'identification de l'amour-dévouement au « pur amour » des mystiques témoigne du souci, qu'il partage avec Bremond, d'établir une continuité entre le plus modeste sacrifice des simples et les plus hautes expériences spirituelles. Il est vrai aussi qu'il mit quelque temps, à la fin de la Première Guerre mondiale, ses espoirs dans les propositions du président Wilson et la Société des nations ; mais il en perçut bientôt l'inefficacité, puis la faillite. On a pu voir qu'il avait dès lors une vision tragique du monde contemporain (encore est-il mort au seuil d'autres tragédies) et qu'il était partagé entre le sentiment de l'urgence et ce que lui enseignait son expérience d'historien, qu'il faut appréhender l'évolution religieuse à l'échelle des siècles. Il ne formulait d'ailleurs pas une prédiction, il avançait une espérance.

Loisy et ses amis... Le titre nous invite peut-être, au terme de cet itinéraire, à le considérer sous un autre angle. À strictement parler, il n'a pas eu de *disciples* : l'intérêt, l'admiration pour ses livres, certains espoirs un moment partagés, n'impliquaient pas une communauté de pensée, la suite l'a bien montré. Le « modernisme » n'a jamais existé en corps cohérent de doctrine, des chemins quelque temps parallèles ont bientôt divergé : Duchesne, Mignot, Hügel, Houtin, Bremond, Canet, d'autres encore qu'on n'a pu évoquer... chacun est allé de son côté. Il n'a pas d'*héritiers*, et les « religions séculières » qui ont séduit un moment ne devaient rien à la « religion de l'avenir ». Il a eu des *amis* : la plupart lui sont restés fidèles, au-delà de ce qui les séparait ; d'autres ont pris leurs distances, mais ils ont généralement reconnu et respecté la sincérité et la tragique grandeur de cette singulière expérience spirituelle.

Orientation bibliographique

Œuvres de Loisy

Témoignage autobiographique fondamental, signalé dès l'avant-propos et largement exploité ensuite, les *Mémoires pour servir à l'histoire religieuse de notre temps*, 3 vol., Nourry, 1930-1931 ; réf.: *Mémoires...* On n'a retenu par ailleurs (en indiquant à l'occasion les formes abrégées utilisées dans les références) que les ouvrages cités dans ce livre, à l'exclusion en particulier de l'œuvre « savante » de l'exégète et de l'historien des religions. Une bibliographie complète (livres et articles) est donnée par É. Poulat en appendice de *Loisy, sa vie...*, cité plus bas. Sauf mention explicite, seule la 1re édition est signalée.

L'Évangile et l'Église, Picard, 1902.

Autour d'un petit livre, Picard, 1903 ; réf.: *Autour...*

Simples réflexions sur le décret du Saint-Office « Lamentabili sane exitu » et sur l'Encyclique « Pascendi dominici gregis », Ceffonds, chez l'auteur, 1908 ; réf.: *Simples réflexions...*

Quelques lettres sur des questions actuelles et des événements récents, Ceffonds, chez l'auteur, 1908.

À propos d'histoire des religions, Nourry, 1911 ; réf.: *À propos...*

Choses passées, Nourry, 1913.

La Religion, Nourry, 1917 (cité d'après l'édition revue, 1924).

Y a-t-il deux sources de la morale et de la religion ?, Nourry, 1933 ; réf.: *Y a-t-il deux sources...*

George Tyrrell et Henri Bremond, Nourry, 1936.

La Crise morale du temps présent et l'éducation humaine, Nourry, 1937 ; réf.: *La Crise morale...*

Histoire et mythe à propos de Jésus-Christ, Nourry, 1938.

Autres mythes à propos de la Religion, Nourry, 1938 ; réf.: *Autres mythes...*

Un mythe apologétique, Nourry, 1939 ; réf.: *Un mythe...*

Les éditions Noesis viennent de réunir en un volume (2001, présenté par G. Mordillat et J. Prieur) *L'Évangile et l'Église, Autour d'un petit livre* et *Jésus et la tradition évangélique.*

ÉTUDES

Le choix s'en tient à un petit nombre de travaux en langue française, se rapportant directement à Loisy et à la crise moderniste. Pour les autres personnages, les références essentielles ont été données dans les notes. Sur l'ensemble, on trouvera là encore des indications complémentaires (en particulier sur la bibliographie, abondante, en anglais et en italien) dans l'édition la plus récente (1996) de la *Crise moderniste...* d'É. Poulat.

A. BOLAND, *La Crise moderniste, hier et aujourd'hui. Un parcours spirituel.* Beauchesne, 1980.

R. de BOYER de SAINTE-SUZANNE, *Alfred Loisy entre la foi et l'incroyance*, Éd. du Centurion, 1968; réf.: *Loisy entre la foi...*

P. COLIN, *L'Audace et le soupçon. La crise du modernisme dans le catholicisme français 1893-1914*, Desclée de Brouwer, 1997.

É. POULAT, *Alfred Loisy, sa vie, son œuvre* par Albert Houtin et Félix Sartiaux. Manuscrit annoté et publié avec une bibliographie de Loisy et un index bio-bibliographique. Éd. du CNRS, 1960; réf.: *Loisy, sa vie...*

– *Histoire, dogme et critique dans la crise moderniste.* Casterman, 1962 [2e éd., 1978; rééd. Albin Michel, 1996]; réf.: *Crise moderniste...*

– *Une œuvre clandestine d'Henri Bremond: Sylvain Leblanc, Un clerc qui n'a pas trahi, Alfred Loisy d'après ses Mémoires*, Rome, Edizioni di Storia e Letteratura, 1972; réf.: *Sylvain Leblanc...*

– *Modernistica. Horizons, physionomies, débats.* Nouvelles Éditions latines, 1982.

– *Critique et mystique.* Éd. du Centurion, 1984; réf.: *Critique...*

C. THEOBALD, art. « Loisy » dans *Les Sciences religieuses*, sous la direction de Fr. Laplanche (*Dictionnaire du monde religieux dans la France contemporaine*, 9), Beauchesne, 1996, p. 426-431 [pour l'articulation entre recherches critiques et philosophie religieuse].

Les éditions de correspondances, autour de Maurice Blondel, apportent un éclairage complémentaire (et contrasté), grâce aux nombreux documents que propose l'annotation. Voir en particulier Maurice BLONDEL et Auguste VALENSIN, *Correspondance*, tomes 1 et 2, texte annoté par H. de Lubac, Aubier, 1957, et *Au cœur de la crise moderniste. Le dossier inédit d'une controverse*, édité par R. Marlé, Aubier, 1960.

Table des matières

Dans la même collection

Petits Cerf-Histoire

Série dirigée par Paul Christophe

Henry CHADWICK, *Augustin.* Préface de Jacques Fontaine, membre de l'Institut. Traduit de l'anglais par Alain Spiess.
Michel DESPLAND, *Christianisme, dossier corps.*
Jean BERNARDI, *Les Premiers Siècles de l'Église.*
Jean-René BOUCHET, *Saint Dominique.*
Owen CHADWICK, *Newman.*
Louis PEROUAS, *Grignion de Montfort et la Vendée.*
William A. HINNEBUSCH, *Brève histoire de l'Ordre dominicain.* Adapté de l'américain par Guy Bedouelle.
Louis TRICHET, *La Tonsure, Vie et mort d'une pratique ecclésiastique.*
Lucien LAZARE, *L'Abbé Glasberg.*
Dominique POIROT, *Jean de la Croix, Ami et guide pour la vie.*
Paul VERDEYEN, *Ruusbroec l'Admirable.*
Henry KRAUS, *À prix d'or. Le Financement des cathédrales.*
Simon DOUBNOV, *Précis d'histoire juive.*
Matthieu DE DURAND, *Précis d'histoire grecque.*
René BOUREAU, *L'Oratoire en France.*
Janine DRIANCOURT-GIROD, *Ainsi priaient les luthériens.* Préface de Jean Delumeau.
Bernard MONTAGNES, *Le Père Lagrange (1855-1938).*
Charles GILLEN, *Bartolomé de Las Casas, Une esquisse biographique.*
Philippe ROUILLARD, *Histoire de la pénitence des origines à nos jours.*
Marcel LAUNAY, *La Papauté à l'aube du XXe siècle. Léon XIII et Pie X (1878-1914).*
Xavier DE MONTCLOS, *Réformer l'Église. Histoire du réformisme catholique en France de la Révolution jusqu'à nos jours.*
Bernard CATTANÉO, *Frédéric Ozanam, le Bienheureux.* Préface du cardinal Pierre Eyt.
Paul CHRISTOPHE, *L'Église de France dans la révolution de 1848.*
Bernard GUILLEMAIN, *Les Papes d'Avignon (1309-1376).*
Andrea RICCARDI, *Les Politiques de l'Église.* Traduit de l'italien par Jacques Mignon.
Françoise FAUCONNET-BUZELIN, *Les Porteurs d'espérance. La mission du Tibet-Sud (1848-1854).*
Marcel LAUNAY, *L'Église et les défis européens au XXe siècle.*

Philippe ROUILLARD, *Histoire des liturgies chrétiennes de la mort et des funérailles.*

Gérard CHOLVY, *Histoire des organisations et mouvements chrétiens de jeunesse en France, XIXe - XXe siècle.*

Alain TALLON, *Le Concile de Trente.*

Paul CHRISTOPHE, *Le Concile Vatican I.*

Guy BEDOUELLE, *Libérer l'Évangile aux Antilles. Laure Sabès (1841-1911).*

Dominique AVON, *Paul Doncœur, s. j. (1880-1961). Un croisé dans le siècle.* Préface par Gérard Cholvy.

Bernard ARDURA, *Le Concordat entre Pie VII et Bonaparte, 15 juillet 1801. Bicentenaire d'une réconciliation.* Préface par Gérard Cholvy. Postface du cardinal Louis-Marie Billé.

Emmanuel GODO, *Victor Hugo et Dieu. Bibliographie d'une âme.*

Xavier DE MONTCLOS, *Brève histoire de l'Église de France.*

Émile GOICHOT, *Alfred Loisy et ses amis.*

Cerf-Histoire

GROUPE DE LA BUSSIÈRE, *Pratiques de la confession, Des Pères du désert à Vatican II.* Quinze études d'histoire.

François BOESPFLUG, *Dieu dans l'art. « Sollicitudini Nostrae » de Benoît XIV (1745) et l'affaire Cescence de Kaufbeuren.* Préface d'André Chastel. Postface de Leonid Ouspensky.

Alain BOUREAU, *La Légende dorée, Le système narratif de Jacques de Voragine († 1298).* Préface de Jacques Le Goff.

Peter BROWN, *Le Culte des saints, Son essor et sa fonction dans la chrétienté latine.* Traduit de l'américain par Aline Rousselle.

CENTRE D'HISTOIRE RELIGIEUSE DE LILLE, *Benoît Labre, Errance et sainteté, Histoire d'un culte, 1783-1983.* Sous la direction de Yves-Marie Hilaire. Claude LANGLOIS, *Le Catholicisme au féminin, Les Congrégations françaises à supérieure générale au XIXe siècle.* Préface de René Rémond. Frédéric DELFORGE, *Les Petites Écoles de Port-Royal, 1636-1660.* Préface de Philippe Sellier.

Pierre MARAVAL, *Lieux saints et pèlerinages d'Orient. Histoire et géographie, des origines à la conquête arabe.* Préface de Gilbert Dagron. Hervé MARTIN, *Le métier de prédicateur en France septentrionale à la fin du Moyen Âge.*

Gérard CHOLVY, *Mouvements de jeunesse, Chrétiens et juifs : sociabilité juvénile dans un cadre européen, 1799-1968.*

Philippe LANEYRIE, *Les Scouts de France. L'évolution du mouvement, des origines aux années quatre-vingt.*

Régis LADOUS, *Monsieur Portal et les siens (1855-1926)*. Préface d'Émile Poulat.

Pierre-André SIGAL, *L'Homme et le miracle dans la France médiévale (XIe-XIIe siècle)*. Préface de Pierre Toubert.

Jacques DALARUN, *L'Impossible Sainteté, La vie retrouvée de Robert d'Arbrissel (v. 1045-1116), fondateur de Fontevraud*. Préface de Pierre Toubert.

Jean-Marie MAYEUR, *Catholicisme social et démocratie chrétienne, Principes romains, expériences françaises*.

Philippe BOUTRY, *Prêtres et paroisses au pays du Curé d'Ars*.

Alain FLEURY, *« La Croix » et l'Allemagne, 1930-1940*. Préface de René Rémond.

Louis TRICHET, *Le Costume du clergé, Ses origines et son évolution en France d'après les règlements de l'Église*. Préface de Jean Gaudemet. Postface de Jean Chelini.

Joseph DEBÈS-Émile POULAT, *L'Appel de la JOC (1926-1928)*.

Timothy TACKETT, *La Révolution, l'Église, la France*. Préface de Michel Vovelle. Postface de Claude Langlois.

Vittorio COLETTI, *L'Éloquence de la chaire, Victoires et défaites du latin entre Moyen Âge et Renaissance*.

Jean GAUDEMET, *Le Mariage en Occident, Les mœurs et le droit*.

François BOESPFLUG, Nicolas LOSSKY, *Nicée II, 787-1987, Douze siècles d'images religieuses*.

Martine SONNET, *L'Éducation des filles au temps des Lumières*. Préface de Daniel Roche.

André VAUCHEZ, *Les Laïcs au Moyen Âge, Pratiques et expériences religieuses*.

Bernard HOURS, *Madame Louise, princesse au Carmel*. Préface de Dominique Ponnau.

Paul COULON et Paul BRASSEUR (éd.), *Libermann, 1802-1852 : Une pensée et une mystique missionnaires*. Préface de Léopold Sédar Senghor.

Nicole LEMAITRE, *Le Rouergue flamboyant, Clergé et paroisses du diocèse de Rodez (1417-1563)*. Préface de Jean Delumeau.

Anne SAUVY, *Le Miroir du cœur, Quatre siècles d'images savantes et populaires*.

Rosa ROSSI, *Thérèse d'Avila*.

Sylvie Anne GOLDBERG, *Les Deux Rives du Yabbok, La Maladie et la Mort dans le judaïsme ashkénaze*.

Daniel LE BLÉVEC, Alain GIRARD, *Les Chartreux et l'Art, XIVe - XVIIIe siècle*.

Odette PONTAL, *Histoire des conciles mérovingiens*.

Bernard BONVIN, *Lacordaire-Jandel, La Restauration de l'Ordre dominicain en France après la Révolution.*

Dominique RIGAUX, *À la table du Seigneur, L'Eucharistie chez les Primitifs italiens (1250-1495).*

Jacques FONTANA, *Les Catholiques français pendant la Grande Guerre.*

Alain TALLON, *La Compagnie du Saint-Sacrement, 1629-1667, Spiritualité et société.* Préface de Marc Venard.

Jean-François GILMONT, *La Réforme et le Livre.*

Hélène TOUBERT, *Un art dirigé. Réforme grégorienne et iconographique.*

Danièle ALEXANDRE-BIDON, *Le Pressoir mystique.*

Bernard CHEDOZEAU, *La Bible et la liturgie en français.*

Collectif éd. par Guy BEDOUELLE, *Lacordaire, son pays, ses amis et la liberté des ordres religieux.*

Carla CASAGRANDE, Silvana VECCHIO, *Les Péchés de la langue.* Préface de Jacques Le Goff.

Sophie HOUDARD, *Les Sciences du diable, Quatre discours sur la sorcellerie (XVe-XVIIe siècle).* Préface d'Alain Boureau.

Claude LANGLOIS, François LAPLANCHE et Claude BÉNICHOU, *La Science catholique.*

Klaus SCHATZ, *La Primauté du pape.*

Alexandre FAIVRE, *Ordonner la fraternité.*

Coll. sous la direction de J. DELUMEAU, *La Religion de ma mère.*

Emmanuel BURY et Bernard MEUNIER (éd.), *Les Pères de l'Église au XVIIe siècle.*

James A. WEISHEIPL, *Frère Thomas d'Aquin. Sa vie, sa pensée, ses œuvres.*

Madeleine SINGER, *Le SGEN de 1937 à mai 1986.*

Esther BENBASSA, *Une diaspora sépharade en transition.*

Asher COHEN, *Persécutions et sauvetages. Juifs et français sous l'Occupation et sous Vichy.* Préface de René Rémond.

Caroline BYNUM, *Jeûnes et festins sacrés.*

Régis LADOUS, *Des Nobel au Vatican. La fondation de l'Académie pontificale des sciences.*

Jean LESTAVEL, *« La Vie nouvelle ». Histoire d'un mouvement inclassable.*

Marie-Christine SEPIÈRE, *L'Image d'un Dieu souffrant (IXe-Xe siècle). Aux origines du crucifix.* Préface de Carol Heitz.

Paul MOMMAERS, *Hadewijch d'Anvers.* Adapté du néerlandais par Camille Jordens.

Gottfried HAMMANN, *L'Amour retrouvé, La Diaconie chrétienne et le Ministère de diacre.*

Marie-Hélène FROESCHLÉ-CHOPARD, *Espace et sacré en Provence (XVIe-XXe siècle). Cultes, images, confréries.*

Stéphane-Marie MORGAIN, *Pierre de Bérulle et les Carmélites de France.* Préface de Guy Bedouelle.

Odette PONTAL, *Les Conciles de la France capétienne jusqu'en 1215.*

Pierre PIERRARD, *Juifs et catholiques français. D'Edouard Drumont à Jacob Kaplan (1886-1994).*

Raymond LE COZ, *L'Église d'Orient. Chrétiens d'Irak, d'Iran et de Turquie.*

Éric BARATAY, *L'Église et l'animal (France, XVIIe-XXe siècle).*

Françoise JACQUIN, *Jules Monchanin prêtre, 1895-1957.*

Perle BUGNION-SECRETAN, *Mère Agnès, abbesse de Port-Royal.*

Denis PELLETIER, *Économie et Humanisme.*

Anne FERRARI, *Figures de la contemplation. La « rhétorique divine » de Pierre de Bérulle.*

Jean-Yves MOY, *Le Père Anizan, prêtre du peuple.*

Georges TAVARD, *La Vierge Marie en France aux XVIIIe et XIXe siècles, essai d'interprétation.*

Crisógono de JESÚS, *La Vie de Jean de la Croix.* Traduit de l'espagnol par Sr Marie-Agnès Haussièttre.

Paul AMARGIER, *Une Église du renouveau. Réforme et réformateurs de Charlemagne à Jean Hus (750-1415).*

Abd El Hadi BEN MANSOUR, *Alger XVIe-XVIIe siècle. Journal de Jean-Baptiste Gramaye, « évêque d'Afrique ».*

Gaston BORDET, *La Grande Mission de Besançon (Janvier-février 1825). Une fête contre-révolutionnaire, néo-baroque ou ordinaire ?*

Bernard CHEDOZEAU, *Chœur clos, chœur ouvert. De l'église médiévale à l'église tridentine (France, XVIIe-XVIIIe siècle).*

Hans BELTING, *Image et culte. Une histoire de l'art avant l'époque de l'art.*

André VAUCHEZ (sous la dir. de), *Cardinal Yves Congar (1904-1995).* Actes du colloque réuni à Rome les 3-4 juin 1996.

Pierre-Henri SIMON, *Actes du colloque tenu à Rome le 12 décembre 1996.* Textes réunis par Thérèse Boespflug et Jacotte Lucet. Suivis de *Contre la torture.*

Ginette BOURGEOIS et Alain DOUZOU, *Une aventure spirituelle dans le Rouergue méridional au Moyen Âge. Ermites et cisterciens à Silvanès (1120-1477).*

Charles BALADIER, *Érôs au Moyen Âge. Amour, désir et délectation morose.*

Charles de MIRAMON, *Les Donnés au Moyen Âge. Une forme de vie religieuse laïque (v. 1180-v. 1500).* Préface de Alain Boureau.

Richard AYOUN, *Un Grand Rabbin français au* XIXe *siècle, Mahir Charleville (1814-1888).* Préface de Jean-Pierre Filippini.

Collectif sous la direction de Marie-Odile GERMAIN, *Stanislas Fumet ou la Présence au temps.*

Jean WIRTH, *L'Image à l'époque romane.*

Marc VENARD, *Le Catholicisme à l'épreuve dans la France du* XVIe *siècle.*

L'Église et la mission au VIe *siècle.* Présenté par Christophe de Dreuille. Préface de Mgr Billé.

Alban John KRAILSHEIMER, *Armand-Jean de Rancé, abbé de la Trappe, 1626-1700.*

Simon LÉGASSE, *Paul apôtre. Essai de biographie critique (2*[e] *éd. revue).*

Marie-Antoinette PERRET, *Une vocation paradoxale. Les instituts séculiers féminins en France (*XIXe *-XX*[e] *siècles).*

Marie-Louise GONDAL, *Les Origines des Sœurs de Saint-Joseph au* XVIIe *siècle. Histoire oubliée d'une fondation : Saint-Flour - Le Puy (1641-1650-1661).*

Marcel LAUNAY, *Hélène de Chappotin (1839-1904) et les Franciscaines missionnaires de Marie. « Oser sa vie ».*

Catherine MASSON, *Le Cardinal Liénart, évêque de Lille, 1928-1968.*

Carmes et carmélites en France du XVIIe *siècle à nos jours.* Actes du colloque de Lyon (25-26 septembre 1997) réunis par Bernard HOURS. Yannick ESSERTEL, *L'Aventure missionnaire lyonnaise (1815-1962). De Pauline Jaricot à Jules Monchanin.*

Philippine DUCHESNE et ses compagnes, *Les Années pionnières, 1818-1823. Lettres et journaux des premières missionnaires du Sacré-Cœur aux États-Unis.* Textes rassemblés, établis et présentés par Chantal PAISANT.

Cerf-Histoire illustré

Reine au Mont Auxois. Le culte et le pèlerinage de sainte Reine des origines à nos jours. Sous la direction de Philippe BOUTRY et Dominique JULIA.

Cet ouvrage
a été achevé d'imprimer
en mars 2002
par l'Imprimerie Floch
53100 – Mayenne.

Dépôt légal : mars 2002.
N° d'imprimeur : 53637.
N° d'éditeur : 11739.
Imprimé en France